ZHIYE XUEXIAO GAOZHILIANG FAZHAN TANSUO YU SHIJIAN

职业学校高质量发展
探索与实践

孙洪传◎著

安徽师范大学出版社
ANHUI NORMAL UNIVERSITY PRESS
·芜湖·

图书在版编目（CIP）数据

职业学校高质量发展探索与实践/孙洪传著.—芜湖：安徽师范大学出版社，2023.8
ISBN 978-7-5676-6326-8

Ⅰ.①职… Ⅱ.①孙… Ⅲ.①中等专业学校—学校管理—研究 Ⅳ.①G718.3

中国国家版本馆CIP数据核字（2023）第149140号

职业学校高质量发展探索与实践　　　　　　　　　　　　孙洪传◎著

责任编辑：吴毛顺　　　　　　责任校对：孔令清
装帧设计：王晴晴　汤彬彬　　责任印制：桑国磊
出版发行：安徽师范大学出版社
　　　　　芜湖市北京东路1号安徽师范大学赭山校区
网　　址：http://www.ahnupress.com/
发 行 部：0553-3883578　5910327　5910310（传真）
印　　刷：苏州市古得堡数码印刷有限公司
版　　次：2023年8月第1版
印　　次：2023年8月第1次印刷
规　　格：700 mm × 1000 mm　1/16
印　　张：12.75
字　　数：165千字
书　　号：ISBN 978-7-5676-6326-8
定　　价：48.00元

凡发现图书有质量问题，请与我社联系（联系电话：0553-5910315）

　　2022年5月，新修订的《中华人民共和国职业教育法》（以下简称《职业教育法》）正式颁布实施，以法律形式规范了职业教育内涵、地位及发展方向、目标任务。关于职业教育的内涵，《职业教育法》规定："职业教育，是指为了培养高素质技术技能人才，使受教育者具备从事某种职业或者实现职业发展所需要的职业道德、科学文化与专业知识、技术技能等职业综合素质和行动能力而实施的教育，包括职业学校教育和职业培训。"关于职业教育的地位，《职业教育法》规定："职业教育是与普通教育具有同等重要地位的教育类型，是国民教育体系和人力资源开发的重要组成部分，是培养多样化人才、传承技术技能、促进就业创业的重要途径。国家大力发展职业教育，推进职业教育改革，提高职业教育质量，增强职业教育适应性，建立健全适应社会主义市场经济和社会发展需要、符合技术技能人才成长规律的职业教育制度体系，为全面建设社会主义现代化国家提供有力人才和技能支撑。"关于职业教育的发展方向、目标任务，《职业教育法》规定："职业教育必须坚持中国共产党的领导，坚持社会主义办学方向，贯彻国家的教育方针，坚持立德树人、德技并修，坚持产教融合、校企合作，坚持面向市场、促进就业，坚持面向实践、强化能力，坚持面向人人、因材施教。实施职业教育应当弘扬社会主义核心价值观，对受教育者进行思想政治教育和职业道德教育，培育劳模精神、劳动精神、工匠精神，传授科学文化与专业知识，培养技术技能，进行职业指导，全面提高受教育者的素质。"

《职业教育法》还在建立现代职教体系、提升办学质量、推行产教融合、改革办学机制、优化办学环境等方面，擘画新的蓝图，明确新的目标，是新时代职业教育高质量发展的基本遵循和纲领规范。

如何在贯彻落实《职业教育法》中肩负起时代赋予的重任、奋力推进职业教育高质量发展、努力实现职业教育的高水平自立自强？这使我这个从事职业教育30年的"职教老兵"感到使命在肩、热血沸腾。

在职业教育领域摸爬滚打30年，见证了我所任职学校由小到大、由弱到强的变迁过程，见证了青岛市职业教育领跑全国的辉煌业绩。更让我引以为豪的是，在教育教学实践中进一步明确了职业教育的重要价值和遵循教育规律的重要意义。职业教育是中国教育事业重要组成部分，是服务经济社会发展和个人终身发展需要、面向经济社会发展和生产服务一线培养高素质劳动者职业可持续发展的教育类型。职业教育的教育性、开放性、实践性、集约性、多元性、终身性等特点，在我的教育管理过程中得到了充分验证和实践。在管理学校过程中，我始终把学校发展、教师发展、学生发展作为事业出发点和落脚点，抓住办学模式改革、专业现代化建设、校企融合发展、"三教"改革、人才成长"立交桥"搭建、职教高地建设等关键环节，率先探索实践，为青岛市职业教育创新发展提供了范式和经验。

职业教育是面向人人、面向全社会的教育。习近平总书记指出，要树立正确的人才观。培育和践行社会主义核心价值观，着力提高人才培养质量，弘扬劳动光荣、技能宝贵、创造伟大的时代风尚，营造人人皆可成才、人人尽展其才的良好环境，努力培养数以亿计的高素质劳动者和技术技能人才。在多年的教育教学实践中，我始终坚持以立德树人为根本任务，坚持将"以人为本"作为职业教育基本价值追求，坚持全面发展与个性发展相统一，满足学生不同智能发展需求和人民群众多元化职业教育需求。在青岛华夏职业教育中心工作的23年中，我树立起"为学生终身职业素质发展奠基"的办学理念，关注并推行"职业生命成长教育"，围绕国家职业教育发展政策，紧跟职业教育发展步伐，取得很好的育人实效。在青岛高新职业学校任职6年来，我把"全人幸福教育"作为办学理念和价值追求，培育感知、创造享受幸福的意识和能力。我的使命就是把学校打造成生命灿烂绽放的教育幸福地，让学生享受幸福的教育，让教师享受教育的幸福。

从我担任18年中职学校校长的体会看，办好职业学校首要任务是提升职业教育的社会价值认同。一要坚守一种信念，让职业教育返璞归真。所谓"返璞"，就是要遵循教育规律和人的成长规律实施教育行为；所谓"归真"就是要舍弃浮躁和功利，关注师生的职业生命成长。二要打造现代职业教育"新四化"，做好"四个字"文章（国际化——做好"拓"字文章，集团化——做好"合"字文章，立体化——做好"通"的文章，精品化——做好"质"字文章）。三要秉持"五心"（爱心、细心、耐心、专心、诚心），有情怀。做职业学校校长要有农民般的情怀，有农民般的对待土地的执着，有农民般的对待庄稼的守望，就是要精心提供职业生命成长所需要的肥沃土地、明媚阳光、清新空气和充足水分，用心倾听职业生命成长的声音。

出版《职业学校高质量发展的探索与实践》的初衷是想从基层学校的视角审视职业教育的发展轨迹，摘取我30年来职业教育管理的思考体会、调研报告、改革方案、经验总结等，从中感受职业教育发展道路的曲折艰难，从中体悟职业教育发展的酸甜苦辣，从中印证职业教育政策的落地生花，从中生发职业教育蓬勃生机和发展活力，从中增强职业教育现代化的发展信心。

到2030年，职业教育理念更加先进，职业教育法律法规更加完备，职业教育体系结构更加完善，职业教育体制机制更加健全，职业教育内容更加适应时代发展要求，学习环境更加优化，师资队伍专业化水平更高，职业教育的服务力、贡献力、竞争力和国际影响力显著增强，实现职业教育现代化，为实现第二个百年奋斗目标和中华民族伟大复兴中国梦提供坚实人才保障。面对中国职业教育发展图景，我将无我，夙夜在公，席不暇暖，为职业教育发展继续贡献力量。

需要说明的是，本书内容成稿时间跨度较长，整理成书时力求反映当时的背景和现实状况，因此尽量保持创作稿件原貌，由此不可避免存在少量术语前后表述稍有差异。

本书是我从事职业教育30年来的步履印记，其中渗透着集体的智慧和汗水。感谢多年来支持帮助我成长的领导、同仁、社会各界朋友，感谢我的学生和学生家长的包容、认同及给予我的教育实践机会。本书在基础材料整理和成稿过程中，曲桂蓉、曹雨、侯蕾、马瑞香、张显志、阎春梅等同事给予了大力支持，在此诚致谢意。

2023年4月30日

目　录

理念引领：磨揉迁革 拔新领异

构建"四梁八柱"框架体系
推进职业教育高质量发展

  全国职业教育大会明确了现代职业教育发展的目标任务，包括职业教育类型地位、构建现代职教体系、服务技能型社会建设。中共中央办公厅、国务院办公厅《关于推动现代职业教育高质量发展的意见》进一步确定了工作重点，包括职教的类型地位、体系建设、产教融合、校企合作、三教改革、锻造品牌，推动现代职业教育高质量发展。落实会议和文件精神，需要我们充分认识和把握职业教育发展的阶段性特征。职业教育高质量发展的特征主要从以下几个方面把握：办学方向准确，与地方经济社会发展高度契合，专业特色鲜明，产教结合紧密，社会服务能力强，综合办学水平领先。实现职业教育高质量发展，要从历史和现实、理论和实践、国内和国际、学校事业发展和区域经济发展的结合上进行思考，深入推进育人方式、办学模式、管理体制、保障机制改革，切实把现代职业教育作为培养高素质技术技能人才、巩固壮大实体经济根基的重要支撑。青岛高新职业学校通过构建"四梁八柱"框架体系，精耕细作，提质培优，增值赋能，职业教育育人质量显著提高。

一、夯实塑强"四梁"保障,稳固办学根基

第一,党建创先。一是以"党建+"先锋领航行动计划为契合点和着力点,实现党建工作与业务工作同向聚合、深度融合。二是以基层党组织"五化"(党支部组织设置规范化、组织生活规范化、工作机制规范化、队伍建设规范化、灯塔e支部建设规范化)建设为抓手,大力推进党支部对标提标,充分发挥党员先锋模范作用。

第二,制度创实。一是推动现代学校制度建设更加成熟定型,谋深谋实制度创新,激发办学活力。二是以师生自治组织建设为抓手,推进教师自治、学生自治组织建设和能力建设。

第三,人才创新。一是坚持师德师风为人才第一标准,创新人才培养模式。二是坚定不移推进"三名"(名校长、名师、名班主任)工程建设,推动教师专业成长。

第四,品质创优。一是高点定位,品质生长。用好政策红利,确保部省共建职教高地"三年成事"。二是精致管理,调高标准。强化精品意识、细节意识,实施业务流程再造,形成学校管理闭环。

二、加速构建"八柱"支撑,凝聚发展力量

(一)实施文化建设凝心铸魂工程

遵循"六性三统一"(坚持政治性与引领性相统一、坚持共性与个性相统一、坚持针对性与实效性相统一)原则,做好顶层设计,推进

校园特色文化持续积淀和不断升华。一是坚持"规范+特色"，精心锻造"和合"文化品牌。二是凸显学校文化特色，主要包括"凝炼学校精神文化、营造学校环境文化、规范学校制度文化、精致学校活动文化"。

（二）实施现代学校制度建设工程

坚持党建统领，在探索中构建起适合改革发展土壤、科学规范、运行有效的制度体系。一是完善现代学校制度体系建设。制定学校《"十四五"五年发展规划》，修订办学《章程》《制度汇编》，完善实施《管理权限清单》。二是建立三级管理两级负责管理体制，降低管理能耗，形成管理闭环。三是科学让渡权力，推进教师、学生十二项自治组织能力建设。

（三）实施"唤醒生长"品牌建设工程

围绕"行有度、情合宜、心向善、志高远"四维德育价值目标，抓住"自信、选择、专注、成功"德育特质，抓住学校德育时代特征和育人实效，在"课程思政、思政课程"、家校融合、"五育并举"融合发展、"十个一"行动计划、"高新育人十字诀"等方面铆劲用功。一是完善德育机制，唤醒机制保障。二是加强队伍建设，提升唤醒能力。三是强化课程引领，夯实唤醒根基。四是搭建活动平台，拓展唤醒路径。五是精准教育靶向，唤醒内在潜能。六是规范评价反馈，丰富唤醒内涵。

（四）实施"内生智育"品牌建设工程

抓住"兴趣、方法、恒心、激励"智育特质，扭住教学质量提升不松手，深入探索高品质课堂教学改革实践，提升职教高考升本率、技能大赛普及率和成果转化率、双证书考取率、学业考核优秀率。一是精准施策课堂革命，持续推进"绿色生态课堂"建设，全面提升教师教育教学"三种能力"。二是推进课程改革，实施"校本化"建设。深挖育人内涵，创新思政载体，模块化呈现教学内容。三是聚焦"大调研、大集备、大教研、大听课、大评课"专项改革，推进教研活动创新。四是推进教学评价改革，实施"多样化"建设。改进结果评价，强化过程评价，探索增值评价，健全综合评价，促进学生全面发展。

（五）实施师资队伍"雁阵"建设工程

坚持"师德为先、发展为本"，围绕师德师风建设和教师专业能力提升，坚持两手抓两手硬。一是以立德为根本，实施师德师风建设"六个一"工程，构建师德师风建设制度体系和长效机制。二是创新人才培育机制，以"绿叶·星光""动车组"师资队伍建设为抓手，搭建教师成长梯队，实施提质提能建设"六个一"工程，涵养"近者悦、远者来"的教师发展新生态。

（六）实施专业迭代转型升级建设工程

以建设山东省高水平学校和专业为契机，破立并举，优化整合现有专业群。一是在高水平专业类群进行专业迭代升级、新专业开发，物联网专业群拟开设"无人机操控与维护""网络信息安全"两个新专业。二是人才培养方案数字化改造，推进"AI+专业"模式下的教学元素数字化改造，推进教学内容、方式方法、评价等基于人工智能、大数据的迭代升级，不断提高专业建设品质和育人质量。

（七）实施现代职教体系建设工程

纵深推进"大中小老成"终身教育链条体系和以道德、知识、技能为要素的教育内容链条体系建设。一是加大中高职衔接教育的转段模式研究力度，增强培养链条的接续性、层次性，提高人才培养质量。二是推进职业教育与技工教育、社区教育融合发展。办好崂山老年大学高新分校，助推老年教育课程建设特色发展。三是深入推进职普融合发展。积极筹备青岛市职普融通教育集团，实施分层教学、分类指导、分流发展，打造职普融通教育新高地。

（八）实施综合高中建设工程

学校作为山东省首批综合高中试点学校，逐步形成"面向全体、延缓分流、尊重差异、强调选择、多元发展"的发展态势。一是加强课程建设与融入，加大"新工科"校本课程的尝试性学习推进力度，突出理工特色。二是引进"优才改革项目"，推进学生个性化、差异化发展追踪评价研究。结合生涯规划指导，为学生提供学术型、应用型人才的早期识别与引导。

站在新起点，踏上新征程，学校要全面贯彻落实全国职教大会精神和《关于推动现代职业教育高质量发展的意见》，纵深推进职教高地建设任务，推动高水平中职和特色专业建设。以改革创新为动力，以提升育人质量为主题，以人的全面发展为目标，努力培养更多高素质技术技能人才、能工巧匠和大国工匠，为加快建设开放、现代、活力、时尚的国际大都市做出应有的贡献。

本篇成文于 2022 年 2 月

新形势下优先发展职业教育的思路与对策

百年大计，教育为本。习近平总书记所作的党的十九大报告围绕"优先发展教育事业"作出新的全面部署，明确提出：建设教育强国是中华民族伟大复兴的基础工程，必须把教育事业放在优先位置，深化教育改革，加快教育现代化，办好人民满意的教育。这为我们在中国特色社会主义新时代不断推进教育改革发展、大力提高国民素质指明了方向。职业教育作为中国特色社会主义事业的组成部分，和其他教育类型一样步入了新时代。

一、新形势下职业教育的改革发展现状

（一）职业教育站在新的历史起点上

改革开放四十年来，我国职业教育承借改革开放的东风乘势而上，为国家经济社会发展培养了数以亿计技术技能人才，职业教育的战略

地位愈加巩固，职业教育的社会价值愈加凸显。一是国家对职业教育的顶层设计、发展路径愈发清晰，形成全社会支持职业教育的环境氛围。二是职业教育的大众认知更加理性，"普通教育""职业教育"由"层次教育"向"类型教育"转变，职业教育面向人人，为每位学生提供人生出彩的机会。三是构建职业教育上下贯通、左右融通人才培养"立交桥"，打通学历提升"天花板"，拆除普职融合"篱笆墙"。四是建立适合行业发展、产业需求的人才培养标准体系和课程体系，实现"理论技能结合、学历能力契合、品德技能融合、升学就业结合"的人才培养目标。五是全面推行校企合作、产教融合办学模式，大力推行集团化办学和现代学徒制改革试点，全面提升职业教育服务经济转型、产业升级的能力。六是职业教育办学水平不断提升，内涵发展铸就职教品质。办学经费投入加大、办学条件改善、实训基地建设、信息技术支撑、"双师型"师资队伍保障、教育教学改革深化、现代学校制度推进等，为职业教育现代化建设奠定坚实的基础。特别是党的十八大以来，职业教育实现了历史性新跨越，进入了"黄金时期"，建成了世界上规模最大的职业教育体系，展现了职业教育服务社会公平的作用，扩大了职业教育国际影响力，站在了新的历史起点上。

（二）职业教育主要矛盾变化与机遇挑战

党的十九大报告提出，我国社会的主要矛盾已经从人民日益增长的物质文化需要同落后的社会生产之间的矛盾转化为人民日益增长的美好生活需要和不平衡不充分的发展之间的矛盾。教育的主要矛盾特别是发展与需求的不平衡不充分矛盾日益凸显。职业教育的主要矛盾也在发生变化，主要表现为人民群众和经济社会对于优质、多层、多样职业教育的需要与职业教育发展不强、不优、不活之间的矛盾。职业教育的发展应从比较关注规模和速度向注重质量和公平方向发展。

教育部原部长陈宝生提出让职业教育香起来、亮起来、忙起来、强起来、活起来、特起来，已成为新时代办好职业教育的重要任务，有着现实和长远意义。虽然职业教育发展取得了显著的成就，支持服务经济社会发展的能力不断增强，但与时代发展要求仍然存在历史的、现实的薄弱环节。一是增强职业教育社会吸引力任重道远，职业教育社会宣传实效性不强；二是职业教育体系不够完善，上下贯而不通，左右融而不合，技能社会化培训缺乏顶层设计支持；三是办学模式改革探讨多实效性不强，职教集团集而不团，校企合作、产教融合合而不融，现代学徒制试点也是"理想很丰满、现实很骨感"；四是职业教育自身办学水平不高，专业建设滞后，教育教学改革不深入，教学诊改推进缓慢，人才培养质量不适应行业企业的用人需求和学生的成才需求等。

二、新时代职业教育应有新的作为

（一）转变观念，推行"全人幸福教育"

职业学校学生在校的三五年时光是人的最重要成长期，虽然职业教育以培养技能型人才服务社会为定位目标，但更应该考虑实现教育的"终极目标"——人的关怀。因此，提倡将教育理念定位为服务学生内涵式发展，让学生掌握必需的科学文化知识和专业技能，更应让他们养成积极面对生活的态度、适应社会生活的道德观，学会做人、学会生活、学会学习、学会做事。职业学校要真正办成"让人民满意的教育"，首先要培养的是"健全的人"，要面向所有学生的全面发展。

学校的责任不仅在于使每个学生都确立为社会、为他人、为自我创造幸福的信念，获得为世界、为人类创造幸福的能力，而且还应使每个学生在学生时代享受生活的幸福，体验生活幸福，进而使他们热爱生活，关注时代，向往明天，奉献社会。由此可见，在职业教育中推行"全人幸福教育"，就是大力推行素质教育。

（二）扭住关键，培育"核心素养"

实施宽基础职业教育。随着经济的发展，各种要素将进一步活跃，由此必然带来职业岗位的多样性与就业岗位的不确定性，这就要求职业教育跳出单纯以技能培养为目标的办学模式。一是充分考虑学生的长远发展，重视文化基础的教育，可以说人的生活条件越好，他所接受的教育中与工作直接相关的能力与技能就越少，适当加强文化基础的教育正是出于这样一种人力资源发展考虑。二是推行职业学校学生全面素养培育，全面落实《关于深化教育体制机制改革的意见》，全力培育学生的"认知能力、合作能力、创新能力和职业能力"。人工智能时代的到来，各种新生事物不断出现，需要科学的认知能力支撑，合作能力为群体的发展、集体力量形成提供可能，创新思维和能力是学生发展价值的基础，学会选择和有效决策为学生职业能力的提升奠定基础。因此，核心素养的培育需要从目标设定、课程规划、活动组织等方面用功，以满足未来职场优秀人才的需求。

（三）完善体系，畅通"成才立交"

基于升学需要，将中职教育定位调整为"职业基础教育+就业教育"。作为职业基础教育的中职教育，应为那些有升学意愿和潜力的学生奠定接受更高层次职业教育的基础，为高职院校、应用型本科院校提供优质生源。一是推行中高职一体化建设。按照培养目标一体化、专业教学方案一体化、师资建设一体化、教育教学改革一体化的思路设计，加强标准管控和路径优化，确保培养质量。二是做好普职完全融通，大力推行综合高中建设，为学生多次选择、多样选择以及校园和职场之间灵活转换提供更加便捷的通道。开设旨在加强普职沟通的综合教育，综合高中这种办学形式受到社会与家长的普遍欢迎，反映了民众对职业分流延迟的期盼。综合高中应该普职并举，开展"泛专业化"的职业教育，并与高考制度改革相适应，从升学与就业两个出口进行分流。三是加快应用型高校建设，推行"知识+专业"高考招生模式，扩大应用型本科院校面向职业学校招生专业覆盖和招生计划。

（四）深化改革，提升办学水平

一是适应新旧动能转换，在专业设置和培养方向上主动求变。随着人工智能的发展，学校的专业布局也要随着时代的变化而做出相应的调整，撤并缺乏竞争力的专业，改造升级一批优势专业，重点加强新兴专业和紧缺人才专业建设。增加高端专业的比例，减少有可能被人工智能替代的低端岗位人员的培养。就高新职业学校而言，就是适应社会需求及时调整专业发展方向。传统的汽车维修专业将增设新能源汽车运营与维护方向；传统的机电应用技术专业将增设人工智能方向；传统的服装设计与工艺专业将与大数据结合，向私人定制方向发展……围绕新旧动能转换，高新职业学校将对传统专业进行改造升级，使之更加贴近新时代社会需求，也让学生在专业发展上拥有更多选择。

二是植入创新基因，让学生和教师的发展更有动力。创新是学校发展的灵魂，是教育教学行为的新航标，也是新旧动能转换的动力之源。通过育人目标创新驱动、办学模式创新营建、教育教学创新实践、评价制度创新设计，来培育学生的创新发展思维，提高学生创新发展能力。

创新教师培养模式，着力打造"动车型"教师团队。动车的优势是每一节车厢都有动力、有刹车，所以比传统火车跑得快。"动车型"教师团队的建设就是利用这一原理，充分发挥每一名教师的能动性，使之从被动服从到主动参与，增强教师自主发展能力，提升教师成长积极性和工作绩效。每一个专业团队组成一个"动车组"，而专业团队的引领者是各个专业"技能大师"。每个"动车组"以项目为纽带，老带青，强带弱，后浪推前浪，滚动式向前发展。

三是搭建多元平台，让学生感受成长自信与幸福。为落实立德树人根本任务，提升学生综合素养，青岛高新职业学校提出了"全人幸福教育"办学理念，为学生全面发展创设优质环境和平台。为激励学生自主成长，学校推进以"自信、选择、专注、成功"为特质的"唤醒生长"品牌建设工程，推进以"兴趣、方法、恒心、激励"为特质的"内生智育"品牌建设工程，不断促进学生生涯规划、团队合作、可持续发展等能力的提升。

本篇成文于 2018 年 10 月

学生要学会"经营未来"

一、为什么说中职学生进行职业生涯规划非常重要

中等职业教育是一种职业定向教育，与就业、职业联系紧密，一方面为社会培养经济发展所需的职业技能型人才，另一方面对受教育者而言是为其从事某一职业而实施的教育。现阶段，中等职业教育迎来历史性的发展机遇，同时也存在巨大的挑战：严峻的就业形势，日新月异的职业环境变化，中职生综合素质相对偏低等制约了中职学校的人才培养。因此，如何提高学生的职业意识，规划好自己的职业生涯，是当前中等职业教育改革和发展的重要内容。

（一）严峻的就业形势的客观要求

大学生面临着越来越严峻的就业问题，而对处于高中层次的中职生来说，怎样破解就业难题，冲出就业的低谷，有效地开展职业生涯规划教育是很有必要的。

（二）职业环境变化的必然要求

一辈子从事一种职业的时代已经不存在了。在这种形势下，中职生应立足于整个人生来思考、规划自己在学校的学习和生活，把自己的人生发展与社会变迁紧密结合起来，把自己培养成有发展潜力和核心竞争力的人。

（三）中职教育自我完善和发展的现实要求

首先，我国的中职教育是以继承为中心的传统教育，忽视了创新精神的培养。其次，我国的中职教育是以学科为中心的教育，忽视了整体化的知识教育，造成专业狭窄、分科太细，导致学生知识面狭窄、专业单一、适应性差、后劲不足。再次，我国的中职教育是以智力为中心的教育，忽视了非智力因素教育，如学生的动机、兴趣、情感、意志和性格等。

（四）学生全面发展的内在要求

综合素质是人文精神、科学素养、创新能力和创业精神的有机结合。职业生涯规划教育是向学生展示职业生涯发展形态、帮助学生深入了解自身和发展方向，选择适合自己的生涯道路，让学生明确自己的生涯发展所需的各种素质和条件，并及时有针对性地加强和弥补。

二、如何对中职生进行职业生涯规划教育

学校通过对职业生涯的认知、探索、定向和准备等步骤的逐一实施，使学生获得规划职业生涯能力，建立个人的职业生涯形态。

（一）职业生涯规划教育实行分年级分层次推进

"以人为本"，从学生的终身发展出发规划人生。这样的教育理念，从发展性视角关注学生的前程与未来，帮助他们获得面向社会和未来的可持续发展能力，并把教育与人的成长和价值实现联系起来。

（二）职业生涯规划教育通过多种途径展开

职业生涯规划教育主要包括：（1）课程设置；（2）教学活动；（3）主题班会；（4）专题辅导；（5）专家讲座；（6）榜样示范；（7）实践体验；（8）自我反思。

三、职业生涯规划教育对学校特别是教师的基本要求

中职学校要实现毕业生"高数量、高质量"就业，就必须关注职业生涯规划教育课程，必须提高教师素质。

（1）教师应注重自身发展与提高；

（2）教师应注重自身职业生涯规划的设计；

（3）班主任应该成为学生职业生涯规划的指导者。

四、青岛华夏职教中心职业生涯规划教育的现状和特点

学校精心打造"日晷"职业生涯规划教育模式，"晷面"意为学生三年在校学习，"晷针"意为职业生涯规划教育，"晷针"穿过"晷面"。这种教育模式，一方面寓意职业生涯规划教育贯穿学生三年在校学习，如影随形；另一方面寓意学校职业生涯规划教育要前伸后延，

真正体现"为学生终身职业素质发展奠基"的办学理念。此模式的核心价值在于建立了职业生涯规划教育多方联动的实施机制，形成全程化、体系化、个性化、专业化、持久化的职业生涯规划教育体系。

（一）三个阶段有序贯通，职业生涯规划教育前伸后延

学校职业生涯规划教育分为三个阶段：一是前伸孕育期，即为学生入学前阶段，学校通过建立校际联盟，组织初中学生开展职业体验系列活动，指导学生初步完成职业兴趣测试，为学生专业选择提供科学的依据。二是中间濡养期，即学生在校学习阶段，学校通过建设德育模式、教学改革、就业指导模式，三方联动将职业生涯规划教育融入学生学习生活，为学生职业生涯发展打下坚实基础。三是后延发展期，即为学生毕业后阶段，学校通过职业发展导师帮助学生对毕业后五年的职业发展进行科学预设，并建立毕业生跟踪服务制度，对毕业生职业发展进行跟进服务，指导学生顺利走好职场第一步。

（二）三方联动锤炼素养，职业生涯规划教育三维一体

依据《青岛华夏职业教育中心不同智能结构、不同生活背景学生职业生涯规划教育实施方案》，结合学生职业发展所需身心素养、人文素养、职业素养、创新素养四大核心素养，建设"德育、教学、就业"指导三维一体实施体系，有效推动职业生涯规划教育深入发展。

（1）打造"自信、负责、成功"自主德育模式，锤炼人文素养，为学生职业生命成长汇聚能量。

（2）深化教学改革，锤炼专业素养，为学生职业生命成长厚实土壤。一是以形成职业生涯规划能力为目标加强职业生涯规划精品课程建设，二是以打造学生核心专业素养为目标加强各专业教学改革。

（3）打造基于集团化办学下的"五位一体"嵌入式校企合作模式，提升学生职业素养，为学生职业生命成长丰实底蕴。

亚里士多德说，人生活的意义在于是否正在寻找和追求自己的目标。我认为，职业生涯本身就是一个动态的不断发展变化的过程。它不是让每个学生去应对职业活动，而是让每个学生学会"经营"未来，明确人生奋斗的目标。为此，中职学校应进一步完善职业指导和生涯规划体系建设，造就出一批既具有从业需要的知识和技能，又具有良好的职业适应能力和开拓、进取、创新精神的实用型技能人才。

本篇成文于 2016 年 4 月

实习管理过程中的问题及对策

"工学结合、顶岗实习",是中等职业学校职业教育思想、观念和人才培养模式的重大变革,是中等职业教育的一项重要制度安排,其意义十分重大。"工学结合、顶岗实习",广义地说就是利用学校、社会两种教育资源和教育环境,交替安排校内理论课程学习和校外顶岗实习工作,对学生进行"知识+能力+素质"培养的一种教育培养模式。如何做好"工学结合、顶岗实习"培养模式下校外实习学生的教育管理是一项新的课题。

一、"工学结合、顶岗实习"培养模式给学生管理带来的变化

"工学结合、顶岗实习"教育模式要求学生走出校园,到企业的具体岗位进行锻炼,这给学生的管理带来了相当大的难度,总结为以下几方面:

(1)教育主体发生变化。从传统教育模式下由学校教师担任教育

者转变为教师或师傅（领班）交替担任教育者，甚至完全由师傅（领班）担任，教师和师傅（领班）在教育方式上存在差异，导致学生不适应。

（2）教育客体的变化。由单纯的学生身份转变为学生与学徒（员工）双重身份，学生进入企业后，企业会像对待其他员工一样严格要求他们，这将使学生感到不适应。

（3）教育环境的变化。学生在一定时期脱离单纯的校园环境，处于社会环境中，复杂的人际关系、繁杂的工作程序、严格的企业管理等因素会使学生产生很多新的想法。

（4）教育内容和方法的变化。学生在企业实习，企业教育管理内容和方法与学校有很大区别，更侧重于作为一个员工的教育。

二、存在的问题

学校调查后发现，企业欢迎的是品质好、素质好、能吃苦、有专长的专业人才，而我们的学生在责任心、协作能力、组织纪律、敬业爱岗精神与吃苦耐劳品质等方面还存在差距，主要表现在：

1.对于所从事的工作感到不适应，岗位适应性较差。

（1）专业不对口不适应。学校为了及时给学生安排顶岗实习或是某些单位的待遇很高且对专业的要求不高等原因，使一些学生感到自己在校所学的内容与从事的工作存在专业不对口，对实习产生消极情绪。

（2）工作太累不适应。工作环境和学习环境的差异使部分学生感到不适应，娇生惯养的体质也导致一些学生无法胜任普通工作。

2.理想与现实差距太大，部分学生心理定位高，岗位期望值高。

3.对企业规则的认同感差，执行力低。部分学生违反纪律，适应不了严格的规章制度，搞不清楚上级和下属的管理和服从关系，人际关系不和谐。

4.部分学生的专业技能不能满足岗位的要求。部分学生技能不达标，无法独立顶岗。

5.家长对学生实习的态度不够端正，对自己的孩子盲目定位。部分家长和学生一样，只看重实习单位的性质和规模，重结果，轻过程。相当一部分家长只重视实习结束后能否留在用人单位成为正式员工和薪金报酬等，而忽略了实习的本质是锻炼培养学生具备一定的社会适应能力和工作适应能力的过程教育。

三、"工学结合、顶岗实习"模式下学生管理对策

1.校企双方建立务实高效的管理运行机制。

第一，双方要有专门机构，要有专人负责，做到出了问题有人管，解决问题有人问。第二，双方要互信、互动，常沟通、勤联系，定期召开问题分析会，坚持预防为主，把问题消灭在萌芽状态。第三，双方既要密切配合、主动协调，又要各司其职、各负其责，做到事事有人管。第四，出了问题不推诿、不扯皮，勇于承担责任，做到双方之间大问题讲原则，小问题讲风格。

2.企业建立定期向学校通报情况制度。

企业不但要通报已发生的情况和出现的问题，还要通报可能发生问题的隐患，以便及时取得学校的积极协助和密切配合。

3.学校要落实学生顶岗实习管理制度。

学校实施"工学结合、顶岗实习"的办学模式，要严格遵守国家有关教育培训、劳动就业、生产安全等方面的法律法规，建立健全有利于实行"工学结合、顶岗实习"的管理制度和具体办法，确保工作有章可循、顺利进行。参加"工学结合、顶岗实习"的学生要与单位、学校签订协议书，明确学生、家长、学校和企业的权利、义务。保障学生在自愿的基础上参加顶岗实习，消除学生因学校统一安排而产生的抵触情绪。

（1）不断加强对实习过程的管理。根据见习单位的分布和具体实习岗位的安排情况，实习指导老师深入学生的工作实践中了解情况，和见习岗位上的学生及时沟通，保证学校教育不断档、不缺失。

（2）加强德育网络建设。见习工作牵涉到学校、学生、家长、用人单位方方面面的问题，及时有效的联系沟通非常重要。

实习过程中实行弹性管理与刚性考核相结合的评价体系。结合教学计划和学分管理要求，建立起相应的成绩考核和管理制度。同时，由于学生参加顶岗实习，对学校而言学生尚未毕业，对实习单位而言又不是正式员工，所以实习期间应对学生实行双重考核，否则会出现管理上的"真空"。正因为学生实习期间所处的特殊身份和环境，要求我们要结合企业实际，实行弹性管理与刚性考核相结合，既要保障学生的实习安全，又要保证校外实习的教学质量，提高学生的实践技能。

4.及时采取有效措施处理出现的问题。

除了上述从制度层面保障对学生的教育管理外，对于实习过程中出现的实际问题，要有针对性地提出解决办法：

（1）对于学生感到对工作岗位不适应、专业不对口的问题。一方面，双方在上岗前就岗位情况对学生进行深入细致的教育，让学生三思而行；上岗后还要进行爱岗敬业教育。另一方面，对于确因身体、生理等特别原因不适应工作的学生要考虑调换工作岗位。

（2）对于认为工作太累、身体受不了的学生，有两种情况：一种是身体原因，一种是思想原因（从小娇生惯养造成的）。对于第一种情况，企业是否考虑从工作安排上先轻后重，给一个慢慢适应的机会。对于第二种原因，不能让学生一走了之。企业和学校仍然要对学生加强苦乐观的教育，必要时可考虑给学生一个自我反思和进行同类对比的机会，使学生有一个思想转变过程。另外，对于工作岗位的苦累程度，在上岗前双方一定要给学生讲清楚，提醒其要有充分的思想准备，把好工作岗位"入口关"。

（3）对于在顶岗实习期间违纪，适应不了企业严格的规章制度的学生。一方面，企业是否在处理上应与在岗老职工有点儿区别（因为毕竟是还没完全走向社会的学生），给学生一个教育改正的机会，对于教育不改的，再严格按规章处理；另一方面，对于在企业被处理的学生，学校决不姑息迁就，积极配合企业教育学生。

（4）对于那些眼高手低，专业技能不达标，客观情况总是不合自己主观要求、挑挑拣拣的学生，学校在对其进行就业指导教育的同时，要制订安置顶岗实习时间表，不能久拖不定，影响整个教学进程。

另外，在实习中遇到因为单位对学生不甚了解，教育方法不当，致使实习生对单位产生一些抵触情绪，有的甚至放弃实习的现象，要加强与企业领导和主管的密切联系和沟通，向他们介绍学生的学习、性格以及家庭情况，及时化解学生与单位之间的矛盾。

本篇成文于 2009 年 4 月

"三个对接"：中高职衔接教育模式的关键

一、中高职衔接教育有着广泛的社会需求基础

1.中高职衔接教育满足经济社会发展需求。

近几年的人才招聘市场，许多用人单位把学历定位在本科、大专以上，因为中职生学历偏低，发展后劲不足，被挡在就业大门之外。经济类专业因其工作性质对学生素质要求更高，中职学生的市场需求面越来越小。"三二连读"的学生基本素养高于中职学生，通过2年的大专学习，其自身水平基本可以满足经济社会的发展需求。所以，中高职衔接教育有着广泛的市场需求、社会需求。

2.中高职衔接教育满足学生素质发展需求。

通过对毕业生的就业情况跟踪调查，发现中职学生岗位稳定性明显弱于"三二连读"的学生，究其原因主要在于"三二连读"学生的职业心理较中职学生更加成熟。据统计，200名中职毕业生中94%在18—19岁之间，只有3.7%达到20岁，2.3%不足18岁。这些数据说明，

这个年龄段的学生，虽然具备从事工作的基本职业素质，但心理上还处于自我意识不成熟阶段，从事连续工作、克服各种工作挫折的心理准备不足。同时，中职学生学制相对较短，文化基础相对薄弱，后续发展后劲不足、空间不大，经济类专业学生尤其如此。"三二连读"学生因其年龄大些和就学时间长等原因，职业心理相对成熟，文化基础相对厚实，准职业能力相对较强，再发展基础良好，可见中高职衔接教育能满足学生素质发展的需求。

3.中高职衔接教育满足家庭教育投入的需求。

学习理想的专业，掌握实用的技术，找到心仪的工作，是家长们普遍关注的问题。我校开办"三二连读"以来各项数据的对比显示，家长和学生选择就读"三二连读"的心理较为迫切，希望通过家庭教育的投入，提高学生的学历水平，掌握实际的专业本领，延缓学生就业的年龄，确保学生找到较为理想的工作，能够胜任理想的工作。可见中高职衔接教育可以满足家庭教育投入的需求。

二、抓好"三个对接"，保障中高职衔接教育质量

（一）与对口高校对接，构建并畅通教育教学管理渠道

1.建立联合办学委员会制度。

为满足学生的发展需求，学校要建立联合办学委员会制度，加强与高职院校对接，为广大中职生畅通继续发展、提升学历的渠道。

2.建立教学研究联席会制度。

制定中高职教学联席会制度，定期与对口高校相互访学，定期举办"三二连读"教师与高职教师的互动交流。加强科研引领，较好解

决中高职教育衔接的桎梏，使学生具有更大的发展张力。

3.建立学生社团交流联谊制度。

学生社团是校园文化建设中不可分割的一部分，是提高学生自主教育的有效载体。与对口高校的定期交流社团建设，拓宽了学生再发展空间，为其更快地适应大学生活提供了可能。

（二）与行业需求、岗位能力需求对接，不断深化教育教学改革

1.完善"三二连读"各专业的课程体系建设。

本着"岗位发展适应、素质发展需求、课程精选"的原则，坚持"三个贴近"，深化学校课程体系建设。一是贴近行业、企业岗位能力需求，深化专业能力标准建设；二是贴近学生综合职业素质提高，合理配置课程结构（必修课与限选、任选修课比例6：3：1）；三是贴近专业实际，大力开发实用性强的校本课程。

2.构建"学习+带薪见习+修正学习""三明治式"教学模式。

从"三二连读"原有教学模式上看，学生文化基础较好，但职业素养发展不均衡，这不符合"以就业为导向"的职业教育宗旨。摸索符合专业特点的、符合"三二连读"中高职衔接教育规律的全新教学模式——"学习+带薪见习+修正学习""三明治式"教学模式。学生在完成2年的基础知识和基本技能的学习后，在高三学年到学校的联办单位进行为期半年的整班建制的带薪见习，通过见习强化学生的职业能力与素养。学生完成见习任务后回校修正学习，有针对性地找出专业能力及职业素养等方面的差距，强化薄弱环节教育教学。通过此种教学模式的实践探索，学生文化素养与职业素养都得到了均衡发展。

3.突出技能教学，深化教学法改革。

针对"三二连读"学生的文化素质较高这一特点，在教学工作中

坚持紧紧抓住"培养目标、质量标准"不放松，在教学指导思想上强调"两个并重、一个突出"，即"文化课与专业课并重、专业理论与专业技能并重、突出专业技能培养"。坚持"三个抓住不放手"，强化技能教学水平。一是抓住技能达级、职业资格证书培训考核不放手，考、学、练结合，提高技能教学水平；二是抓住校内技能常规考核、常态化练习不放手，抓好自习课、培训课技能教学；三是抓住专业技能课堂教学标准化建设不放手，提高课堂实训标准、质量。

（三）与学生终身素质发展需求对接，拓展学生发展空间

1.以"学做事先学做人"为中心，培育学生发展的核心素质。

以"学做事先学做人"为德育工作指导思想，以高尚情操引领人，以过硬的道德培育人。坚持不懈地开展中国特色社会主义理想教育、以爱国主义为核心的民族精神教育，引导学生树立正确的世界观、人生观、价值观，培养民族自尊心、自信心、自豪感，弘扬爱国主义、集体主义、社会主义思想。坚持不懈地开展诚信意识教育、职业道德教育和良好行为养成教育，以班会、团会、德育工作主题报告会和学生社团为主阵地，突出一个中心（做人教育），培养好两个习惯（学习习惯、生活习惯），抓好"三礼教育"（礼节、礼貌、礼仪），强化"四种意识"（自学、自管、创新、成才），让良好的做人习惯成为学生终身受用的精神财富。

2.实施职业生涯规划教育，培养学生职业发展能力。

职业生涯教育围绕"人职和谐"这一主题，以尊重学生的主体差异为前提，突出"四个完成"，即完成自我探索，完成教育与职业探索，完成职业生涯目标与职业生涯规划，完成岗前培训与岗位训练，最终形成自己独特的职业生涯规划。

3.创新管理模式，促进学生自主发展。

以促进学生的自主发展为核心，在"三二连读"班级中创新管理模式，实施目标管理和项目管理。目标管理中做到"两个结合"，将学校德育分层次目标与班级发展目标结合，班级发展目标与学生个体成长目标结合。项目管理突出"四步达标"，即计划达标—过程达标—质量达标—效果达标。这些扁平化的管理模式，调动了学生自主发展的内驱力，促进了学生的和谐发展。

本篇成文于 2009 年 3 月

信息技术助推职业教育高质量发展

随着我国教育教学改革向纵深发展，职业教育面临前所未有的机遇与挑战。职业学校不仅存在与普通中学争夺生源的现象，各职业学校之间的竞争也日趋激烈乃至达到白热化程度。全面实施素质教育，提升职业教育的品牌优势，把教育改革建立在信息技术教育的平台之上，努力实现教育的现代化和信息化，是职业学校近几年在教育教学上的新探索。

一、现代教育技术对教学方式的影响

过去的课堂教学是一种以掌握"双基"为教学目标，以教师的讲授为主导，以完成教案为蓝图的教学过程。显然，这种课堂教学是难以真正培养人才的。建构主义教育理论认为，学生的发展过程是由学生自己主宰的，任何人都不能包办和代替。为适应现代人才成长和发展的需要，必须实现课堂教学理念、课堂教学文化、课堂教学模式的重建。人的认识必须与其先前的知识相融合，通过不断地实践来重塑人的知识。为此，教师要促进学生学习生活的合理建构，师生要通过共同创造课堂和课外生活，提升各自生活的意义和价值，实现共同发展和进步。

现代教育改变传统的以教师为中心的教学方式。在传统教学过程中，教师和学生都遵循"以教学为中心"的原则，即以教师的教学为核心和学生围绕教学内容学习为中心的教育原则。随着教育理念的革新，改变了两个中心的原则，确立"以学生为中心"的教学原则，使教师逐渐从教学活动的主角中淡出，学生成为整个教学活动的主体，围绕着学生的学习活动安排教学内容成为多媒体教学的新追求，教师在教学活动中的角色是主导者、指导者。

现代教育技术将改变传统的以课本为中心的教学方式。过去的教育技术手段主要是"纸加笔""书加本"。特别是书籍，它是信息大众化传播的典型手段。在信息传播手段的革命中，能够与信息高速公路相比的，只有以纸张和印刷术为基础的书籍，它的低成本大规模复制，使知识得以在普通大众中传播，使受教育不再是皇家贵族子弟的特权。但是，书籍的生产周期过长，已经不能完全适应现代社会知识生产的节奏。与书籍相比，信息高速公路给信息传播手段和教育技术手段带来的变化是革命性的。电子报纸、电子杂志、电子书籍已经成为未来大众传播媒介的重要组成部分。

二、信息技术促进学校教育教学的发展

现代信息技术的核心是计算机技术，掌握计算机技术是21世纪每一位教师必备的基本技能。教师不仅应有本学科的教育素养，还应该

具备现代教育理念和掌握现代教育方法，计算机技术的综合应用更是衡量教师执教水平的重要尺度之一。开展计算机辅助教学研究，搞好现代课堂教学，是实现教育现代化的需要，对在学校教育中全面使用现代信息技术具有积极的促进作用。

　　现代课堂教学质量的高低，既取决于教师能否把现代教育理论运用于教学活动中，在一定程度上也取决于在课堂教学中运用信息技术的水平。掌握现代信息技术，不仅仅是简单地学会操作计算机的问题，而是现代教育思想与现代信息技术工具如何有机结合起来的问题。从学校管理的角度看，就是要处理好人与物的关系，这同样需要用教育科研的方式来解决。近些年由于教师计算机水平的不断提高，CAI课件越来越成为教师上课的有效手段，电子备课、无纸化办公在计算机组和其他班组已全面推广。教师能够自觉地运用校园网实现信息共享，通过网络查阅资料、获取最新信息、观摩网上优秀的教育教学论文、优秀的教案；下载一些好的课件，整理加工，便于教师用于教学之中。这些信息素养的养成，某种程度上要依赖信息技术知识，依赖可靠的研究方法，但最重要的是依赖批判性的识别和推理能力。为了迎接已经到来的教育信息化时代，教育者和学习者都要具备一定的信息素养和技能，并具有一定的批判性思维能力。这就是说，师生在投入信息化教育之前和教育过程之中，应该接受信息教育，养成一定的信息素养，提高批判性思维能力。

　　　　　　　　本文发表于 2006 年 11 月 25 日《青岛日报》

大力发展职业教育的"四个必须"

担任青岛华夏职业教育中心校长后的第二年，我参加了由香港华夏基金会、香港理工大学商业中心和工业中心联合举办的教育部职业教育校长培训班。在学习过程中，培训班主办方精心组织、周密安排，较为详细地介绍了香港特别行政区教育制度，香港教育政策与发展，教师与学校行政管理、教育管理，职业教育与职业训练，教育创新与创业等；参观考察了香港职业训练局、香港教育学院等教育单位。整个培训采用集中授课与参观考察相结合、理论与实践相结合、学习与交流相结合等形式，既重视理性知识，又重视感性强化，开阔了眼界，拓展了思路，总体感受受益匪浅，进一步坚定了贯彻国务院《关于大力推进职业教育改革与发展的决定》的决心，坚定了结合地域特点办好职业教育的决心。通过考察，我认为大力发展职业教育要做到四个必须。

一、职业教育发展必须有强有力的政策保障

从香港职业教育发展情况看，政府制定科学合理的职业教育法律法规、构建起全面的政策保障体系，是保证职业教育发展的根本。政策的刚性约束、保障体系的柔性引导，从根本上避免了个体办学单位发展的盲从，促进了教育体系的构建。

内地职业教育发展也存在政策保障问题。党中央、国务院从宏观上制定了大力发展职业教育的方针政策，各地积极贯彻落实，但也存在着发展不均衡、落实不到位的情况。比如中等职业教育扩招100万人，普职比例保持在5：5等，这些指标的完成没有地方政府强有力的政策支撑是难以实现的。还有地方政府统筹职业教育发展策略问题，只有加大政府统筹，才能避免资源浪费，才能避免无序竞争。比如同一个城市职业学校专业重复建设问题，城市职业教育实训基地规模化建设问题，都需要政府的强有力引导、正确干预、宏观统筹。

二、职业教育发展必须与区域经济发展相适应

香港地区整体经济社会发展水平高，第三产业发达，经济多元化发展需求拉动职业教育、职业培训的发展。香港职业训练局分行业、分专业对从业者进行针对性强的培训，培训标准高，职业资格要求也高。劳动者整体素质得以保证，社会生产的质量就得以保证。

现阶段，内地经济发展的增速较高，产业结构调整日趋合理，职业教育发展必须与区域经济结构相适应，区域经济发展的特色影响职业教育的层次性、人才培养的层次性，同时也影响职业学校的多元化

发展构想和办学体制、办学模式改革。现代服务业发达的地区，应大力发展服务类职业教育；现代制造业、现代农业发达的地区，应大力发展工科、农业类职业教育。当然，现代服务业涉及很多领域，要与当地的经济发展侧重点结合起来。

三、校企合作是职业教育必须坚持的发展道路

通过参观、考察香港职业训练局，考察香港理工大学工业中心，总体感想是职业教育的仿真实践尤为重要。职业教育仿真训练主要有两条途径，一是集中到企事业单位进行实习见习，二是学校投资建设仿真实习基地。到企业集中实习可实现产教结合，可产生经济效益，岗位仿真性高，学生顶岗适应快，但不便于学生管理，学生素质全面发展存在薄弱环节。学校建立实训基地，投入大，便于管理，但存在仿真性差、消耗大等弱点。香港理工大学工业中心集产、学、研于一体，实训效果显著。

根据内地经济社会发展水平和肩负的职业教育重任，每一所学校都建立现代化程度高的实训中心不现实，也容易造成资源浪费。因此，一方面，地方政府可以投资建设大型的职教实训中心，让区域内职业学校学生在其中进行轮训，这不失为一个好办法。青岛市今年投资1亿多元建设西海岸实训基地，就是一个很好的尝试。另一方面，学校加强与企业的紧密联系，实行真正意义上的校企结合，学校与企业制订翔实的实训计划，把企业的实践优势与学校的教育优势结合起来，给予一定的政策保障，调动企业参与职业教育的积极性，这是眼下内地职业教育普遍应该走的路。

四、全面育人是职业教育必须发挥好的功能

香港职业教育中的"全人"教育理念富有特色，教育的着眼点在于人的全面发展、素质全面提高。香港职业教育中的许多细节凸显以人为本思想，比如为缓解教师工作压力、维护教师权益而组织的系列组织、互助群体等，教育机构、学校为学生提供的人性化服务等方面细致入微。这些都给我们以很好的启示：职业教育不单纯是技能教育，而应回归古典主义教育思想，即重视学生道德素养、文化素养和技能素养的全方位培养，实施"全人"教育。

职业教育发展应该借鉴世界发达国家和地区先进的教育思想，不能步入单纯技能教学的误区，把学生培养成简单的机械手、操作工。要把学生思想道德素质的培养提到首要位置，知识技能的缺陷可以用道德弥补，道德的缺陷不能用知识技能来弥补。所以，决不能犯功利主义教育的错误，要发挥职业教育全面育人的功能，重视职业道德建设，全面提高劳动者素质。

本篇成文于 2006 年 10 月

育人实践：问渠那得清如许

为有源头活水来

立足全素养培育　实施"三双教育行动计划"

为深入贯彻落实国家、省、市中长期教育改革和发展规划纲要精神，加快学校现代化建设步伐，凸显学校办学特色，特制定"三双教育行动计划"实施方案。

一、指导思想

为进一步推进学校内涵发展、特色发展，围绕"打造职业生命成长教育特色学校"这一核心目标，全力实施"以内涵发展推进学校精品化、特色化建设工程，构建中高职衔接、职业技能培训和终身学习融通的现代职教体系建设工程"，着力凸显学生的"身心素养、人文素养和职业素养"培养成效，为学生终身职业素质发展奠基。

二、组织机构

学校成立"三双教育行动计划"领导小组和工作小组，负责方案的组织领导，内容的制定、修改，方案的组织实施、过程控制与管理评价。

三、方案内容

"三双教育行动计划"内容："双助长教育行动计划"，即"学生与优秀毕业生共同助长计划""教师与行业企业高校专家共同助长计划"；"双轨育人教育行动计划"，即"课堂育人计划""社团育人计划"；"双三十教育行动计划"，即"人文素养培育必须做的30件事""技能素养培育必须做的30件事"。

四、组织实施

(一)"双助长教育行动计划"实施方案

该计划主要目的在于充分吸纳社会教育资源，耦合学校教育资源，扩展学校教育的力量源，增强学校教育的社会价值，充分体现教育资源的开放性、职业性、社会性、广泛性。

1.学生与优秀毕业生共同助长计划。

活动形式：每个班级聘请一位以上优秀毕业生作为辅导员，每学期开展2次以上辅导活动，建立优秀毕业生辅导员助长活动档案。

目标指向：通过优秀毕业生进班级参加助长活动，为在校生提供学校学习的方式方法、职业生涯规划设计、职场成功体验和学习预备等方面的体会和建议，实现在校学生树立自信、迈向成功的目标设定，优秀毕业生感恩反哺母校的共同成长收获。

活动评价：助长点的有效设定与学生认同度的评价。

2.教师与行业企业高校专家共同助长计划。

活动形式：每个教研组聘请一位以上与本学科专业关联的高校教授、行业企业专家为兼职教授，每学期开展2次以上教研交流活动，建立教研组外聘教授助长活动档案。

目标指向：扩大学校教育资源社会智库容量，吸纳学科专业最前沿的学术信息和教学研究成果，与教师共同研讨专业建设方案、专业能力标准及评价，与教研组共同研讨"校企、校政、校校'微合作'模式"，提高学科教研组的开放性、多元化发展，增强学科教研组的专业后发力量。

活动评价：校内教师生长力的提升和创造性发展。

（二）"双轨育人教育行动计划"实施方案

该计划主要目的在于拓宽学生职业素养提升渠道，搭建基于学科教学、专业教学、技能教学、活动教学的平台，充分体现职业素养的知识性、技能性、社会性、多元性融合，多维度提升学生的职业素质、人文素质、创新素质等。

1.课堂育人行动计划。

活动形式：立足每一堂课，从教育思想、教育内容、教育组织形式等方面深化改革，树立现代课堂教学理念，构建基于"师师、师生、生生"之间的合作共生、教学资源间和谐共振的新型课堂教学关系格局，充分挖掘调动师生的自主性和创造力，实现"合作能力生成"课堂教学价值目标。

目标指向：教育思想和育人观念发生革命性变化，实现课堂教学"学生活动起来、教师活动起来、教学资源活动起来"的职业教育行为导向价值追求。通过单边、双边、多边互动互助，将专业能力分解并通过合作学习使之达成、内化为素质，使每一位学生每一堂课都动起来，都有任务完成，都有发展收获。

活动评价：专业能力、课程目标、教材内容的分层次分解，教学元素的合理化合成途径，学生职业能力的有效生成。

2.社团育人行动计划。

活动形式：结合学生职业生命成长必须关注的身心素养、人文素养、职业素养需求，立足于学生自主发展，突破课堂教学的课程樊篱，实现知识性、技能性与社会性的有机统一。基于兴趣、爱好、职业延展、职业能力等需要，以学校办学理念为统领，在学校社团管理部门指导下，学生自发组织、教师有效指导开展发展平台建设。制定社团活动章程，每年召开一次社团招募大会，每年举办一次社团成果展示会。

目标指向：技能类社团、人文类社团建设悦纳每一名学生，让每位学生都能在课外寻获发展空间。提高技能类社团品质与人文类社团品位，加大与职业发展联系紧密度，加大教师专业指导的效度。

活动评价：建立学生社团成长记录册和学分评价制度。

（三）"双三十教育行动计划"实施方案

集中落实学校教育行为，突出学校教育特色。遴选"华夏学生人文素养提升三年必做的30件事""华夏学生技能素养提升三年必做的

30件事"，为学生专业学习、职业生命成长提供有特色、有价值的辅助支持，为学生砥砺品质、磨炼性格、锻造心志、塑造理性、完善自我提供个性化教育滋养。

1.人文素养提升必做的30件事。

活动形式：基于学生职业生命成长规律，从健全身心、传承文化立足，按照时间推移，每年完成10件有益于身心素养、人文素养、创新素养等方面的10件事情，不断丰富完善学校教育内容，不断拓展学生获取知识的空间，为学生职业生命成长提供环境与滋养。

目标指向：选取学生感兴趣、于学生职业生命成长有价值的事情，在学校引领、教师指导、学生自主完成、学校有效评价的过程链条中，培育学生的完美人格、传承精神、担当态度。

活动评价：建立配套的学生人文素养提升必做的30件事评价手册，关注人文素养培育的社会美誉度。

2.技能素养提升必做的30件事。

活动形式：基于学生专业技能素养的培育，着眼于职业理想、职业规划、职业心理、职业技能等的内涵与外延，每年完成10件提升专业综合素养的事情，拓展学生的专业实践领域，加大职业社会素养的吸纳。

目标指向：结合学生专业特点，遴选具有共性的、丰富学生职业素养的事情，在学生自主、合作的基础上，利用业余时间完成工作任务，扩大学生社会视野，提升学生自我丰富、自我完善的能力。

活动评价：建立配套的学生技能素养提升必做的30件事评价手册，关注技能素养培育的社会美誉度。

【附件1】学生人文素养提升必做的30件事

第一学年

1. 了解"华夏"校史。

2. 制订自己一周的营养餐谱。

3. 回访一位自己最敬佩的老师。

4. 父亲节或母亲节为父母做一道菜：西红柿炒鸡蛋。

5. 掌握心肺复苏的救护方法。

6. 寻访并推介青岛栈桥。

7. 阅读《增广贤文》。

8. 了解校友刘娟的成长故事。

9. 了解自己姓氏的来源及家族的历史。

10. 观看电影《在世界转角遇见爱》。

第二学年

1. 策划组织一次"校园啄木鸟"志愿者公益活动。

2. 了解并欣赏约翰·埃·密莱的画作《盲女》。

3. 阅读《钢铁是怎样炼成的》。

4. 鉴赏中国古典乐曲《春江花月夜》。

5. 掌握游泳运动技能。

6. 介绍现代职业教育家黄炎培。

7. 探究中国传统节日"寒食节"的来历。

8. 核算"打架"成本。

9. 寻访雷锋。

10. 观看电影《阿甘正传》。

第三学年

1. 观看电影《海上钢琴师》。

2. 了解中国传统孝文化"二十四孝"。

3. 了解毛泽东的国学才智。

4. 学习掌握一种面对挫折的心理调适方法。

5. 介绍李嘉诚创业故事。

6. 为学校校庆撰写一副楹联。

7. 了解"手表定律"。

8. 了解儒家、道家、佛家思想。

9. 阅读余华作品《活着》

10. 创意DIY——"我的毕业礼"。

【附件2】学生技能素养提升必做的30件事

第一学年

1. 搜集我国著名科学家钱学森的事迹。

2. 自己动手用纸壳做一个圆锥体数学学具。

3. 有感情地背诵毛泽东词《沁园春·长沙》。

4. 了解并推介海尔企业文化。

5. 欣赏全球最受欢迎英文经典歌曲之一：*Don't cry*。

6. 用Word制作一份介绍中国过春节的传统习俗电子海报。

7. 用PPT制作一份介绍班级风采的演示文稿。

8. 独自完成一次境内外旅行。

9. 独立完成一次到银行柜台进行的存取款业务。

10. 为自己确定一条成长座右铭。

第二学年

1. 设计一份青岛三日游的方案，做好经费预算。

2. 用楷体抄写苏轼的词《念奴娇·赤壁怀古》。

3. 以《我为理想而奋斗》为题，做一次不少于10分钟的励志演讲。

4. 准确无涂改书写阿拉伯数字1—300。

5. 两人合作创作并表演一个应聘面试小品。

6. 设计一份适合自身发展的职业生涯规划书。

7. 制作记录本人上一年度学习、生活情景的成长电子相册。

8. 用PS为学校技能节设计一个Logo并制作一份宣传海报。

9. 查找并详细描述至少一个校内外的安全隐患，并提出解决方案建议。

10. 观察身边的资（能）源浪费现象，设计制订一份解决方案。

第三学年

1. 结合自己的实际情况给你崇仰的青岛某企业写一封求职信。

2. 运用3D打印技术为自己打印一尊肖像作品。

3. 假如有10万元启动资金，请你完成一份自主创业计划书。

4. 为自己设计制作一份实用的求职简历。

5. 自己联系参观一家与所学专业相关的企业，并就该企业的发展前景和人力资源需求等撰写一篇调查报告。

6. 抄写一份所在实习单位的实习岗位操作工作流程（或要领）及劳动纪律。如果可能，提出相应的修改意见。

7. 将你在实习工作中最难忘的一件事记录下来，并说明从中你感悟到的道理。

8. 搜集并记录世界上至少三个国家或地区的人们在工作、生活中的礼仪、习俗和禁忌常识。

9. 为自己的将来规划制订一份理财方案（按薪酬的百分比来计算）。

10. 使用Dream Weaver为你所参加的社团（或你的班级）设计制作一个推介网站。

学生职业生涯规划指导的思路和做法

一、改革事项

学生职业生涯规划指导实验：以为每个学生终身发展奠基、有效激发学生潜能为宗旨，围绕"自主教育"为主要特色的"自信、负责、成功"德育模式，突出"人职和谐"为主题的职业生涯规划教育。学生生涯规划指导实验主要探索：

（1）不同智能结构、不同生活背景学生生涯发展因素选择和创造的途径；

（2）引导学生正确认识自我，在愿望与可能、理想与现实之间进行权衡的能力；

（3）指导中职生制订职业规划，增强在生活中担当各种角色的意识和责任；

（4）建立学校、家庭、社会密切配合的生涯发展和人才培养机制。

二、改革目标

通过加强对学生的职业生涯规划教育和指导，使学生掌握职业生涯规划的基础知识和常用方法，树立正确的职业理想和职业观、择业观、创业观以及成才观，形成职业生涯规划的能力，引导学生树立"成功者"的心态，激发其学习的潜能，增强提高职业素质和职业能力的自觉性，明确只有珍惜学生时代，职业生涯才能可持续发展的道理，努力做好适应社会、融入社会和就业、创业的准备，使其"就业有优势，升学有希望，创业有能力"，引导学生做自己人生的设计师，为自己终身职业素质发展奠基。

学生的职业生涯规划指导将按照"分析发展条件、确定发展目标、构建发展阶段、制订发展措施"四步，围绕"发展"写清设计思想和相关分析，材料翔实、论证有据、分析到位；指导学生从职业的角度了解自己、了解所学专业、了解社会，从本人条件、发展需要和社会需要出发，树立正确的成才观，立足本人实际，把个人发展和经济社会发展结合起来；热爱专业，增强职业生涯成功的自信心，把握社会提供的发展机遇，实事求是地确定目标，落实措施；指导学生掌握确定职业生涯发展目标、构建发展台阶和制订发展措施的要领，发挥职业生涯规划激励学生勤奋学习、敬业乐群、积极进取的作用。

三、改革措施

1.尊重学生智能、生活背景差异，创造途径促进学生自主发展，为生涯设计提供保障。

《国家中长期教育改革和发展规划纲要（2010—2020年）》指出，"坚持以人为本、全面实施素质教育是教育改革发展的战略主题，是贯彻党的教育方针的时代要求，其核心是解决好培养什么人、怎样培养人的重大问题，重点是面向全体学生、促进学生全面发展，着力提高学生服务国家服务人民的社会责任感、勇于探索的创新精神和善于解决问题的实践能力。"学校坚持"为学生终身职业素质发展奠基"的办学理念，树立以德立人的教育思想，确立了"学做事先学做人"的德育宗旨，积极探讨实践富有成效的人才培养模式，特别针对职业学校学生素质良莠不齐的现状，学校创造性开展的德育目标分层教育，对于尊重学生差异、促进学生自主发展效果明显。为提高德育实效，学校开展了毕业生访谈活动，通过对十余届毕业生的深入调研，分析人才培养的核心要素及达成途径，提炼形成"自信、负责、成功"的自主德育模式。

2.正确引导学生认识自我，始业教育渗透教育教学，促进学生准确规划未来。

围绕"人职和谐"这一主题，以尊重学生的主体差异为前提，以促进学生自我追求为目的，学校因循"三段论"，实施始业教育。以"我自豪我是华夏人"为主题，开展以"华夏"文化、"华夏"生活面面观为核心的"华夏巡礼"活动，引导学生了解学校、了解专业，完成初中生到职校生的角色转化。以"学做事先学做人"为主题，发挥优秀毕业生为班底的校外辅导员作用，开展"我与职业"文明修身系列教育活动，培养学生的职业道德、职业素质。以"心秀未来"为主题，开展文明风采竞赛活动，引导学生规划职业生涯。

3.指导学生制定职业规划，提升职业指导人员的整体素质，为学生职业规划提供优质满意服务。

职业生涯规划不仅能帮助个人实现目标，更重要的是有助于真正了解自己，从而设计出合理可行的职业生涯发展方向。通过职业生涯规划让学生明确：确定适合自己的职业目标和道路，让有限的职业资源提升效率和收益，增强学生对职业生涯的控制力和管理能力，帮助学生实现持久、高效、平衡的职业生涯。

引导学生找准职业方向定位，这是职业生涯规划及职业发展的第一步，也是最基础的工作、最重要的一步。指导教师要让学生有清醒的自我认识——了解自己的基本能力、动力结构、兴趣、行为风格；明确的工作匹配——找出适合自己的工作内容和工作环境；准确的发展方向——分析学生在不同环境中的优劣势，扬长避短。

中学时期的职业生涯规划重点落在职业素质评价与职业活动引导上。这一时期职业指导的主要任务是建立学生职业发展档案，组织开展职业评价与职业生涯规划。中学生的职业能力处于快速发展的阶段，许多西方发达国家为中学生提供了职业素质能力评价和职业日活动，有利于学生今后的职业定位。我们为学生开展个性心理和职业能力、兴趣、取向等方面评价活动，能够帮助学生认识到自身的优缺点，合理定位自我职业发展。通过继续学习与职业兴趣引导的实践，帮助学生初步制定职业生涯规划，减少选择专业方向的盲目性。

4.建立学校、家庭、社会密切配合的生涯发展和人才培养机制。

学校教育、家庭教育、社会教育密切配合。我们从教育发展的大局出发，把家庭教育问题摆上了议事日程，坚持长期开办家长学校。我们紧紧依靠教育主管部门和社会各界力量，依靠教师和广大家长，深入细致地做好教育引领工作。一是精心编写校本教材，编写校班会方案和使用指南，编写实习德育案例集和职业生涯规划作品集，为德育教育奠定基础。二是争取社会教育多方支持，聘请专家学者做专题报告；举办优秀毕业生事迹报告会，让优秀学生现身说法，富有教育意义。三是组织社会调查。坚持职教义工活动长效化、常态化，成立"寸草心"华夏职教义工社团，围绕职教义工"进社区、进企业、进学校、进家庭""四进"活动，开展华夏职教义工便民服务活动、奥运志愿者活动、城市运行志愿者活动，为学生体验成功搭建成长平台。

四、支持条件

（1）加大教师的培训力度。每年或每学期既安排授课和知识的培训，又安排有关学生心理学方面的职业生涯规划相关培训。

（2）加大职业指导师的培训力度。职业指导师在我国属于曙光职业，从素质教育的高度开展职业指导工作，按照职业指导工作的科学体系分阶段实施咨询与辅导，激发学生发展的内生动力，推动个体素质不断提高，帮助学生建立正确职业发展观，从而降低其入职成本，促使职业观不断与事业观相统一，促进社会的和谐发展。

（3）创造外出调研学习的机会。走出去，开阔眼界，取长补短，优化培训层次。

（4）取得与初中、大学衔接支持。职业生涯规划是一项长期的工作，取得学生成长过程中各阶段的教育支持和衔接，对于学生整体的生涯设计起着至关重要的作用。

本篇成文于 2011 年 3 月

职业教育创新发展实施方案

　　为推进青岛高新职业学校创新发展、特色发展和高质量发展，根据教育部和山东省人民政府联合发布的《关于整省推进提质培优建设职业教育创新发展高地的意见》（鲁政发〔2020〕3号）和青岛市《打造职业教育创新发展高地建设职业教育创新发展示范区实施方案》（青政发〔2020〕16号）等文件精神，制定本实施方案。

一、指导思想

　　以习近平新时代中国特色社会主义思想为指导，贯彻新发展理念，增强"四个意识"、坚定"四个自信"、做到"两个维护"，以更好地服务于人的发展，更好地服务于国家战略，更好地服务于开放、现代、活力、时尚的国际大都市，打造"工匠之城"为总任务，以提质培优、增值赋能为主线，贯彻落实省、市文件精神，坚持立德树人根本任务，以服务发展为宗旨，以促进就业为导向，坚持以"党建保障、科学决策、准确定位、质量立校、特色发展"为创新发展思路，优化结构，创新模式，健全制度，改善条件，提高质量，推动青岛高新职业学校内涵发展、特色发展和高质量发展。

二、创新发展目标和具体指标

以"高地""示范区"建设为契机，坚持推进体制机制创新，深化普职融通体系建设，推进教育国际交流与合作，提升服务经济社会发展能力和水平，将学校建设成为底蕴丰厚、体系完善、出口多元、质量过硬、特色鲜明、交流活跃、中高职教育衔接、普职融通、技能培训和终身教育共生、与市场需求紧密结合的、促进职业生命健康发展的现代化综合性中等职业学校。

定位更加清晰。进一步明确学校的类型定位，在培养基本劳动者和一般技术技能人才的同时，重点转向为高等职业教育输送合格生源。建设全国知名、山东省高水平中职学校和青岛市市区最大的职业启蒙和职业体验基地。

结构更加合理。适应经济社会发展需要，扩大"三二连读"和"五年贯通培养"规模，所有专业都实现中高职衔接，服装和物联网专业申报3+4中职本科贯通培养项目。综合高中每年保持12~16个班规模，全校普职教学班达到60个。

体系更加完善。与部分普通高中联合成立青岛市普职融通教育集团，成立职业技能培训学校，加大技能社会化培训，提高学生服务社会的能力，构建普通高考、职教高考、技能培训与就业等多元化人才培养"立交桥"。

特色更加鲜明。形成与经济社会发展相适应、中高职教育衔接、普职融通、技能培训和终身教育共生、与市场需求紧密结合的现代化综合性中等职业学校。

三、创新发展重点任务和举措

（一）加强党对学校事业发展的领导和保障作用，坚持"全人幸福教育"办学理念，凸显"通达高新　德能济世"核心教育价值

（1）构建党建"1+N模式"，将支部建在"连"上，实现党建与学校业务工作的高度融合。党建+队伍建设，党建+校园文化，党建+思政德育，党建+教学改革，党建+后勤服务，党建+校园安全等，各部门业务工作与党建紧密结合，解决党建与业务工作两张皮问题。

（2）发挥"高新先锋"党建品牌优势，深化"一支部一特色一品牌"创建活动，建立"双带头人""双培养"机制，增强协同性，提高组织力，凝聚先锋力量，筑牢战斗堡垒，发挥党员在学校工作中的先锋模范作用。每个攻坚项目都成立党员突击队，党员走在前列，带头攻坚。"高新先锋"党建品牌影响力不断扩大。

（二）深化普职融通、综合育人办学模式改革，形成综合高中办学"青岛经验"

1.推进山东省综合高中试点。

（1）综合高中试点要解决的体制机制问题：一是解决初中后非普即职"二元发展路径"问题，二是建立普通教育、职业教育由行政分流转变为课程引导分流机制，三是解决高中后学生多元发展路径问题。

（2）综合高中试点预期成效。一是面向全体，延缓分流，沟通普职，强调选择，能够更好地发扬教育民主，促进学生的个性发展，更好地丰富和完善人才成长的"立交桥"；二是有效拓展学生多元化发展出路，在科学的生涯规划指导下，根据学生能力和发展需求，提供了夏季高考、职教高考、出国留学、入伍就业等适合的生涯发展选项；三是为学生提供大学学术型、应用型人才的早期识别与引导，为学生优势专业能力培养提供延展的空间；四是能够更好地适应新高考改革，为高校（特别是应用型大学）推进"知识+专业能力"招生模式改革提供人才储备。

（3）未来三年，综合高中实现年招生规模8个班、400人，普职融通后在校班12～16个。

2.成立青岛市普职融通教育集团。

与青岛二中分校、青岛十六中、青岛六十六中、青岛六十七中、青岛六十八中等普通高中联合成立青岛市普职融通教育集团，一是实现集团内学校学生学籍互转、学分互认，二是实现集团内学校师资、实验实训设施设备资源共享，三是集团内学校学生参加"职教高考"考取本科的渠道更加通畅。

（三）以山东省自贸区建设和新旧动能转换示范区建设为契机，建立专业动态调整机制，推进专业现代化建设

（1）建立产业结构动态调整驱动专业改革机制，参照产业结构调整指导目录，立足产业转型升级和新旧动能转换，联合企业共同确定专业人才培养标准，修订人才培养方案，加快推进专业现代化建设。

（2）积极发展新兴产业相关专业，促进传统专业向高端化、低碳化、智能化发展。加大汽修专业向新能源汽车方向、计算机应用向无人机操控与维护方向、机电应用技术向智能电子方向、会计向智能财税方向转换的研究力度，结合新的专业目录，设置大数据、机器人、无人机操控与维护专业。加快服装设计与工艺专业山东省品牌专业建设，服装、物联网应用技术两个专业争创山东省高水平中职专业群。

（3）修订汽修专业（新能源汽车方向）、机电应用技术（智能电子方向）、会计（智能财税方向）、物联网应用技术、无人机操控与维护专业教学指导方案，牵头组建物联网专业职教集团。

（4）积极开展"1+X"证书制度试点工作。申报汽车运用与维修、智能新能源汽车、研学旅行策划与管理、数控车铣加工、物联网智能家居系统集成和应用、无人机驾驶、界面设计、网络安全运维、智能财税职业技能等级证书、业财一体信息化应用等10个项目试点。

（四）以"名师工程""双师工程""绿叶·星光工程"为载体，打造"动车型"教师团队

投资120万元用于师资队伍建设，双师型教师达到90%以上，争取培养山东职教名师1人，青岛市职教名师2人，青岛市技能名师4人，省市学科带头人2人。

（1）加强专业带头人和名师培养。通过建立名师工作室、开展"绿叶·星光"结对发展、"一组一名师"活动，建立新老教师互助成长机制，使每个教研团队组成"动车组"，其引领者即各学科的"名师"。通过学校名师—市级名师—省级名师的培养梯队，带动引领各个学科"动车组"快速进步，共同发展，促进教师团队的整体提升。

（2）加强"双师型"教师团队建设。支持专业教师业余到企业挂职，学习新知识、新技能、新工艺、新方法、新材料，参与企业生产和技术创新，全面提升教师的实践能力，按照规定取酬。支持教师取得该专业技术职务任职资格或技术岗位等级证书。鼓励教师积极参加各级专业技术竞赛，提高自身专业技术水平。

（3）建设一支校企相融的"双导师"教师队伍。建立外聘兼职教师库，吸纳企业、行业的技术骨干和行业专家进入兼职教师库，有益补充在职教师不足问题。通过聘任高水平技术能手和专家，将企业、行业最新技术和理念带给学生和教师，有效地促进教学和教师实践能力的提高。

（4）加大教师教科研能力培养，按照学校有领航项目、处室有主攻项目、教师人人参与项目的总体要求，到2022年完成14个市级以上教研课题结题，完成绿色生态课堂省级教改项目结题，完成一门山东省精品资源共享课建设，争取再建10门在线开放精品课程，一个项目获得山东省职业教育教学成果奖。

（五）加快现代职教体系建设

扎实推进中高职一体化贯通培养，扩大"三二连读""五年贯通培养"办学规模，每个专业都实现中高职衔接。加快物联网技术应用、服装设计与工艺"3+4"中职本科一体化教学方案设计，加强与山东理工大学、青岛科技大学、临沂大学联系，争取"3+4"项目立项。

（六）拓展国际化合作渠道

继续与日本、韩国、德国、芬兰、美国等国家的高校加强交流，引进或开发与国际接轨的职业标准和认证体系，引进德国焊接协会职业资格培训资质，争取与韩国首尔明知大学联合开办计算机应用专业专业+影像设计专业的"3+4"中外合作办学项目。

（七）推进技能社会化培训和职业启蒙、职业体验，提高服务社会的能力

（1）拓展学历、非学历教育两个市场，申办中国海洋大学成人教育"高新"教学点，成立青岛市崂山区腾达职业技能培训学校，加大与政府、企业、行业的合作，在农村劳动力转移培训、特种行业上岗证培训、企业在职职工提高培训、下岗职工再就业培训等方面加大服务力度，三年培训人数达到1万人。

（2）推进学校实训基地二期和青岛市职业教育实创孵化基地建设，建设青岛市市区最大的集职业启蒙、实验、实践、实习、实训、创新、创意、创客、创业及就业提升于一体的现代化职业教育实创孵化平台。

四、保障措施

（1）加强组织领导。成立由党委书记任组长，校长任副组长，其他校级干部为成员的学校创新发展工作领导小组，全面负责学校创新发展工作方案的制定与组织协调。

成立学校创新发展工作小组，由办公室、教务处、学生管理处、总务处、教师发展中心、信息资料服务中心、招生就业服务中心、技能培训中心、团委主要负责人组成，负责学校创新发展的具体落实。

（2）统一思想，全员参与。大力宣传，层层动员，充分认识山东省职业教育创新高地建设对学校发展的意义，使全体教职员工统一思想，提高认识，全员参与，抢抓机遇，快速超越。

（3）保证资金投入。用好专项资金和生均公用经费，做好预算管理，大项目争取市级资金支持。

（4）加强督导检查。由教师发展中心负责督导检查，建立创新发展工作例会制度、创新发展经费使用预算制度、创新发展工作档案管理制度、创新发展督办与奖励制度等四项制度。按照建设方案，制定任务清单，落实责任人，严格按照各项任务的进度进行实施，使每项工作有计划，有任务清单，有进度记录，有考核奖惩，确保方案落地。

本篇成文于 2020 年 9 月

职业院校治理能力提升调研报告

一、调查研究背景

在政府放权的同时，在章程视角下，跳出已有的治理结构和当前大家关注的重点，重新进行顶层设计和建构，积极创新尝试学校内部治理结构的综合性改革，探索治理视角下的内部治理结构及新运行模式，培育和提高学校自主办学能力。这对于社会转型时期研究学校治理结构、提高治理能力，具有特殊的理论与现实意义。

（一）国家全面深化教育综合改革要求

当前，在全面深化改革、推进国家治理体系和治理能力现代化、教育从管理向治理转变的大背景下，教育部印发了《职业院校管理水平提升行动计划（2015—2018年）》，将完善学校内部治理结构、深化学校管理体制改革作为重要任务。完善学校内部治理结构已经成为教育改革的攻坚重点，是扩大学校办学自主权的重要基础，治理能力现代化成为改革成败的关键，推进学校治理能力建设恰逢其时。

（二）基于问题导向的职业院校治理需求

当前职业院校治理中仍存在很多问题，如：治理理念有待提高，多元治理过程有待深入完善，科学化、民主化管理亟待加强；治理方式有待改进；各个行为主体在治理体系中的关系有待进一步理顺等。

（三）学校发展需求对学校治理结构完善、治理能力提升的要求

随着现代学校制度建设进程的不断推进，改革的难点和重点已经由改善外部环境向学校内部治理结构的完善和现代学校制度的建立逐渐转移，迫切需要从教育管理转向教育治理，开始着力推进治理体系和治理能力现代化。

基于国家、职业教育、学校发展三个层面的背景，我们围绕为什么要进行职业院校治理能力研究展开调查，以期为我国中职学校治理能力提升提供启示和借鉴。

二、调查研究的目的

随着我国经济发展进入新常态，职业教育在推动经济转型升级、推进《中国制造2025》的实施和大众创业、万众创新等方面的作用更加显著，职业院校提升内部治理能力成为必须面对的课题。整个调查研究围绕"多元治理、内涵发展、改革创新"的主线，着力梳理影响中职学校内部治理能力提升的因素，把师生的职业生命成长作为研究的主要出发点和落脚点。着重从治理能力的理论研究体系、行动研究体系、评价研究体系三方面入手，探索提升职业学校治理能力的途径

和方法，以形成科学性与可操作性强的治理机制，从而研究中职学校内部治理能力提升方面的规律，主要解决提升教育治理能力水平的现实问题。

（一）创新研究视角

以前调查研究都从管理视角入手，其特点是管理主体比较单一，强调指挥与控制。本课题从治理角度、内部治理结构的综合性改革角度进行研究，将中高职融合、点面结合，通过治理能力理论、治理能力行动、治理能力评价的系列研究，理论与实践相结合，为职业院校治理能力研究提供可借鉴的成果。

（二）创新学术观点

一是从治理能力理论、治理能力行动、治理能力评价三个方面的研究，主要解决"为什么研究""如何研究""研究得怎么样"问题，形成治理能力研究体系。

二是在治理体制及运行机制、治理结构体系、治理制度体系、治理评价研究的架构下，发挥行业、企业在职业教育治理中的作用，突出职业院校治理特色。

三是将权力权限清单管理制度运用到学校内部管理，创新权力阳光运行机制，有效落实办学自主权，并出台权力权限清单及运行程序图表。

四是将企业的先进经验引入课题研究，形成决策、执行、监督相互制衡的体制及运行机制。

五是将黄炎培职业教育思想的"现代意义"及推广价值引入课题研究。

三、调查研究的方式

本次调查从学校内部管理结构和体系入手，采取从宏观到微观、条分缕析的研究方式，坚持点面结合、中高职融合，追根溯源，寻找影响制约职业院校内部治理能力提升的因素，通过分析比较，探索治理视角下的内部治理结构及运行模式。

（一）基于问题行动调研法

将行动与研究结合起来，动员教师、学生参与研究和实践，边实践、边探索、边修改、边完善，使理论与实践、成果与应用有机统一起来。

（二）文献调研法

多渠道收集、整理和运用现今国内外与课题相关的理论，以及调查研究的进展情况，寻求理论与实践的创新，为整个调查提供理论指导和研究思路。

（三）调查研究法

综合运用问卷、座谈等各种调查方法和手段，掌握研究的第一手材料，为课题提供充足的事实依据。

（四）比较研究法

在我国学校治理结构发展的历史脉络中对学校治理进行纵向角度的比较研究，选取欧美部分发达国家学校治理问题进行横向比较研究，从而得出学校治理的一般规律。

（五）案例研究法

选择省内职业院校进行分析比较，以期获得更多的样本数据。比较、分析出本校内部的优势和劣势，以及外部环境对学校产生的机遇与挑战，找出影响职业院校内部治理能力提升的因素，制定出符合自身内部管理能力提升的策略。

（六）德尔菲法

征询有关专家对职业院校内部治理能力提升研究的意见，并反复征询修改，从而使专家组的意见趋于集中，最后做出符合职业院校内部治理能力提升、管理机制高效运作的策略。

四、调查问题的分析

本次调查着力梳理影响职业院校内部治理能力提升的因素，把师生的职业生命成长作为调查研究的主要出发点和落脚点。从治理能力的理论研究、行动研究、评价研究三个体系调查入手，我们对31所中职学校、12所高职学校，通过发放问卷的方式从学校老师、中层干部、校级领导等不同层面对学校治理结构设置、自主办学、参与治理程度等方面进行调查，通过回收的43份问卷，发现当前职业院校在管理理念、管理能力和信息化水平等方面与现代职教体系要求存在的差距，具体分析如下：

（一）理论研究体系调查问题分析

1.关于国内理论调查问题分析。

尽管学者关于"治理""国家治理"的研究颇多，也相对比较成熟，但是学术界对职业院校治理能力现代化的研究尚处于初步阶段，目前仍停留在宣传、注解方面，从学校治理能力的综合改革角度，学界研究的成果非常有限。

2.关于国外理论调查问题分析。

学界对国外大学的认识和研究已比较深入，在内部治理方面，不同国家各具特色，董事会、理事会、校务委员会功能，评议会、教授会构成与运转，校长遴选与责任，学部、学院等学术机构架构，许多经验都值得我们思考和借鉴。如美国高校董事会、英国高校的多元治理机制，新加坡高等职业院校中学院董事会、管理委员会和顾问委员会等更多侧重学院宏观决策与管理等。

（二）行动研究体系调查问题分析

行动研究体系调查主要围绕治理体制机制研究、治理结构体系研究、治理制度体系研究进行调查。综观当前学校治理结构的运行现状，我国中职学校已经形成了一套有自身特色的内部治理结构，近些年也一直在不断地改革完善，这一治理结构基本适应了社会经济发展的需求。但是，随着社会全方位的转型及教育自身转型发展的需要，原有的治理结构越来越不能满足需求，并导致产生一些问题。通过回收的问卷和40多位学校教师、干部访谈情况分析如下：

1.学校组织机构设计行政化。

从处室到教研组到教师、年级组到班级管理层次多，决策层缺少相应的学术支撑，执行层疲于应付，执行力度不足，监督层在某些问题的考虑上缺少全盘意识，不能很好地实现学校的办学思想和教育价值。

2.学校内部的决策、执行、监督系统的构建不到位。

学校内部的决策、执行、监督系统的构建流于形式，不能各司其职、激发各方智慧，职能部门权力过于集中，部门本位、政出多头、各自为政、办事效率低下。

3.教师激励机制需进一步提升。

教师成长动力不足，教师工作热情不高，培养学生的创新能力和实践能力的落实难度较大；学生参与学校管理缺失；管理人员专业化水平亟待提升。

4.内部组织相对封闭，多元主体不到位。

学校党代会、教代会、学术委员会和工会等作为决策与民主监督机构，学校组织体系之外的利益相关者很难参与进来，功能发挥十分有限。大多数学校内部组织相对封闭，虽然也建有不少行业和企业参与的组织、机构，如专业建设委员会等，但实际发挥作用有限，对决策的影响力有限。

5.内部治理制度建设相对滞后，内部管理机制不顺畅，影响学校内部治理能力提升。

学校治理需要一整套相互关联的制度体系的支撑，但很多学校习惯了政府主导的管控模式，办学自主权意识不强。对于校企合作、跨界治理方面的制度设计也缺乏系统性，往往以学校思维为主，企业思维体现不够。普遍没有形成自身独特的制度文化，制度建设的相对滞后影响学校内部治理的科学水平。

（三）评价研究体系调查问题分析

（1）学校治理能力评价体系不完善。

（2）多元参与的职业院校质量评价与保障体系不完善。

（3）管理的信息化水平仍达不到依法治教和治理能力现代化的要求。信息化与管理的结合不紧密，信息化手段尤其是运用"大数据""云计算"实现管理的精细化欠缺。

五、对策与建议

通过调研我们发现，职业院校的管理制度不断完善，管理水平显著提升，但与现代职业教育发展和职业院校治理能力现代化的要求相比，还有不小的差距。针对存在的问题，通过从理论研究体系、行动研究体系、评价研究体系三方面对职业院校治理能力提升研究提出对策与建议，以增强职业院校治理能力并形成长效机制，实现内部治理的独特性，提高办学水平。

（一）理论研究体系的对策与建议

理论是行动的先导，职业教育发展需要理论指导，重点围绕"为什么进行学校治理能力提升研究"的问题，通过文献研究方法、比较研究方法，从理论建构方面确立学校治理能力提升的必要性和重要意义，为职业院校治理能力提升行动研究提供理论支持和方向保障。

1.现代学校制度建设中的基本理论问题研究。

梳理涉及治理能力的国内外理论研究，使之系统化，为深入研究提供理论支撑。具体包括现代学校制度建设视角下的职业学校"治理体系""治理结构""治理机制""治理制度"的内涵分析、关系架构研究。

2.黄炎培职业教育思想的"现代意义"分析研究与推广价值。

该研究主要解决职业院校治理能力建设的社会价值认识问题，提高其对职业院校办学质量提升重要性的认识；转变思想观念，增强办学行为的原动力。

3.梳理职业教育治理特色研究。

在利益相关者理论指导下研究职业教育的共同治理、开放治理、分类治理的独特性。

4.更新学校治理理念。

首先在治理理念上进行自我更新。一是遵循职业教育规律的系统思维。在现代职业教育体系中，由于职业教育的跨界性，职业教育的治理具有共同治理、开放治理、分类治理的独特性。运用系统思维，通过统筹内外部组织和事务的协调，以共同治理的行为实现人才供给与需求的利益协调。二是围绕体制机制的顶层设计思维。需要在办学体制机制上树立改革的理念，并以此为先导做好决策机制和执行机制的顶层设计，以开放的姿态促进利益相关者对学校的科学治理和有效治理。三是聚焦培养过程的创新思维。需要树立创新的理念，通过治理优化将各利益相关者的要求、力量和利益渗透到学校人才培养的各个环节中，并根据学生的特点进行有针对性的治理，从而更好地发挥利益相关者在人才培养活动中的作用，也更好地满足各利益相关者的需要。

（二）行动研究体系的对策与建议

围绕"如何进行学校治理能力提升"的问题，创新学校内部治理结构的综合性改革，探索创新决策、执行、监督、评价的多元自主管理的体制机制，能够真正使"权力放到位，角色定好位，关系理顺位"，提高治理能力，实现治理能力现代化，以期为我国中职学校治理能力提升提供启示。

1.治理体制及运行机制研究建议。

依据学校章程，构建自主办学新机制，对利益相关者主体的责任、权力进行明确的定位，形成相互支撑、相互制衡、相互促进的内部结构，形成决策、执行、监督、评价的多元自主治理的体制机制，包括教师自主管理机制（学术委员会组织建设）、学生自主管理机制（学生代表大会、团代会）、家校互动机制（家长委员会）、社区互动机制（社区学院建设、校务委员会建设、校友会）、校企多元主体协同育人机制（财金集团理事会、专业建设指导委员会）、多元民主协同治理机制、权力阳光运行机制、自主发展的质量管理评价机制、治理文化体系建设机制。重点研究校务委员会机制、家校互动机制、校社互动机制、学生自主管理机制、职工议事会制度、企业参与治理机制等民主协同治理机制建设，激发利益相关者参与管理的积极性。

2.治理结构体系研究建议。

从学校内部治理结构的综合性改革角度，从管理转向服务，以政治权力、行政权力、学术权力和民主权利的合理配置与运行为核心，坚持"明晰关系、明确职责、规范权限、加强管理、强化服务"的原则，以精简机构、划清职能、活化机制、激发潜能、提高效能为目标，开展组织、职责和流程再造，优化治理结构体系。确定校长、校长办公会议、校务委员会、教职工代表大会和家长委员会等组织的职责、议事规则、管理制度、相互关系及学校自主管理权限、决策程序和监督机制等。

一是要本着规范治理、注重绩效和强化服务的原则，调整传统院校内部组织结构及其职能，下放管理权限、下移管理重心，向教研组、教师、学生放权，建立起责、权、利相一致的管理体系，突破传统的垂直管理模式，创新探索学术委员会、学生代表大会等民主组织建设，实现横向组织之间的有序分工和密切协作。

二是建立和完善实现开放治理、共同治理所需要的组织，重点健全行业、企业、社区、校友会等治理组织，理顺多元主体育人中各方利益和权利的协调、配置、制衡与平衡。

三是完善校企融合的教研组建设，强化校企合作的教学治理。加强教研组在专业建设中的重要作用，积极探索产学研一体、专兼教师一体的专业组建设，引进对应行业企业的管理标准和流程，实现专业与实训基地、基层组织与行业企业在管理机制上的融合，为产教融合、校企合作的人才培养提供强有力的组织基础。

3.治理制度体系研究建议。

联合政府、行业、企业、教师、学生和家长等利益相关者与学校一起，实现共同治理、开放治理和分类治理，围绕学校章程的实施和学校治理的有序运作，构建彰显职业教育特点、符合学校办学特色的内部管理制度体系与操作规程体系。

以学校章程为基础，理顺和完善教学、学生、后勤、安全、科研和人事、财务、资产等方面的管理制度、标准，建立健全相应的工作规程，形成规范、科学的内部管理制度体系。形成有特色的管理文化，并通过明晰权责、规范流程、强化执行，强化目标责任考核，有效提升管理效能。主要包括：学校发展报告制度；以生为本的教育教学管理制度；教师专业发展管理制度；校务财务公开制度；管理权限清单制度；教师议事会制度，学生议事会制度，家长议事会制度；构建学校与企业、社区沟通协调制度；权力阳光运行制度；自主发展的质量管理评价制度。

4.治理人力资源保障研究建议。

治理是一个持续互动的过程，其基础是协调。内部治理能力的形成取决于学校的校领导、中层干部和基层管理人员的素质。加强管理队伍能力建设，改进治理方式方法，优化软环境，做到运行顺畅，为提升治理能力提供有力保障。实施管理队伍能力提升计划，不断提升干部的执行力、创新力和领导力，为学校治理能力提升注入新的动力。加强学校四支队伍建设，建立分层次、多形式的培训体系，将青年教师队伍、骨干优秀教师队伍、党员队伍和干部队伍打造成推动学校教育教学和改革发展的最优秀的人力资源，不断提升管理人员岗位胜任力和管理人员的专业化水平。

（三）评价研究体系的对策与建议

围绕"职业院校治理能力提升的效益"的问题，坚持"依法治校""以人为本"的基本原则，对学校治理体系良性运行进行评价和监控展开研究，研究视角关注"质量标准""议事规则""权力运行路线图和关键节点控制"等方面。主要对学校治理制度和机制运行效度进行测量评价，通过信息化手段实施数据采集、录入和分析，为学校决策提供科学依据。

一是建立完善学校办学质量评价激励体系，监督学校依法办学、依规办事，切实构建起民主参与、共同治理的现代管理模式，将师生员工的努力方向统一到同一轨道，实现学校再次腾飞的共同愿景。

二是改进评价方式方法，深度开发创新信息化手段，建设职业院校管理"大数据""云计算"，建立职业院校"自我诊断、反馈、改进"

的机制，增强学校自我诊断、自我改进、自主发展的自适能力，进一步提升校园信息化水平，增强职业院校管理能力，充分发挥治理对职业教育的推动、引领和保障作用。

本篇成文于 2016 年 10 月

加大生存教育体系建设 提升学生生存能力

一、背景分析

随着人类由传统社会向现代社会乃至后现代社会的转变，各种自然灾难和人为灾难频繁发生。所谓灾难，是指由自然变异、人为因素或是由自然变异与人为因素相结合原因引发的，对人类生命、财产、心理及生存发展环境造成严重破坏、带来重大损失的现象。

1972年，联合国教科文组织国际教育发展委员会主席在全球教育基础会议上发表《学会生存——教育世界的今天和明天》主题报告，首次指出，教育的使命，正是为了准备未来，使我们的受教育者"学会生存"。联合国《国际减灾十年计划》指出，教育是减轻灾害计划的中心，知识是减轻灾害成败的关键。1996年，国际21世纪教育委员会向联合国教科文组织提交报告《教育——财富蕴藏其中》，指出未来教育的四大支柱是学会认知、学会做事、学会共同生活、学会生存。这四大支柱中的核心就是学会生存，它是教育追求的目标。

生存教育即"学会生存"，有的地方称为"生命教育"，是指为有效预防、应对灾难危机和减少灾难损害，通过多种教育因素，采用多元途径和方式，以培养和提升受教育者良好生存素质（即防灾、应灾、减灾素质）为核心内容的教育活动。

为深入贯彻落实《中华人民共和国防震减灾法》《国家综合防灾减灾规划（2021—2025年）》《深化新时代教育评价改革总体方案》《中小学幼儿园安全管理办法》，2021年7月，青岛市教育局印发《青岛市中小学（幼儿园）生存教育指导意见》（以下简称《意见》），针对我市中小学（幼儿园）生存教育体系不完善、学生生存意识淡薄、生存知识匮乏、生存技能欠缺等问题，提出要加强顶层设计，强化部门沟通，全面构建具有青岛特色的中小学（幼儿园）生存教育体系。《意见》指出，要体现出区域、学段和学校特点，遵循学生身心发展规律和认知特点，分学段、分主题开展与各学段学生年龄特点相适应的生存教育活动，幼儿园以游戏为主，小学以游戏和模拟为主，初中以活动和体验为主，高中以体验和辨析为主。

为充分了解青岛市中高职学生生存教育方面的现状、需求和问题，夯实生存教育育人根基，进一步增强生存教育的针对性和实效性，2021年9月，青岛高新职业学校利用问卷调研、实地访谈等方式开展了中高职学生生存教育需求专题研究，以期为我市构建生存教育体系，提升中高职学生生存教育能力提供参考。

二、调研的基本情况

本次调研，随机选择了全市5所中职（青岛高新职业学校、青岛工贸职业学校、青岛商务学校、青岛华夏职业学校、青岛民航职业学校）

和2所高职（青岛职业技术学院、青岛工程职业学院）1757名学生参与问卷，73人实地访谈，其中，城镇学生占70.78%，男女生比例为54：46，独生子女占比38.67%，中、高职学生占比85.83%和14.17%。问卷结果和访谈分析显示，青岛市中高职学校生存教育体系已初步搭建，大多数学生有一定的生存安全意识和自救互救能力，主动且愿意配合家庭、学校、社会共同开发生存教育课程体系，开展生存教育实践活动。

（一）生存教育知晓度较高

调查发现，89.56%的中高职学生所在学校开展了有关生存教育的课程和实践，98.69%的学生参加过学校组织的安全应急演练，97.77%的同学认为自己初步具备简单的自护自救技能，85.82%的学生表示主要从学校上课、讲座、宣传、逃生演练中获取生存知识。由此可见，我市中高职学生具有一定的生存意识和生存技能，学校教育对学生生存教育发展具有主导作用。

（二）学校生存教育渠道多元化

在最希望学校通过何种方式普及应急生存知识的调查中，逃生演练成为学生最喜欢的教育方式，这说明学生更喜欢在直观的场景中体会生命情感，感悟生存价值。同时，学校生存教育渠道呈现多元化趋势。71.63%的学生通过专题讲座获取应急生存知识，66.64%的学生通过宣传手册、64.87%的学生通过课程传授、60.80%的学生通过团队活动、1.71%的同学通过网络或其他方式获取应急生存知识。

（三）生存教育课程内容需求多样化

学校生存教育课程综合了常规自然灾难知识、社会灾难知识和应急救援知识。从调查结果来看，学生对生存教育课程内容的需求呈现多样化（详见图1），依次为心理健康教育（70.19%）、生理卫生教育（69.60%）、突发性伤害教育（65.99%）、交通安全教育（59.42%）、消防安全教育（58.17%）、游泳安全教育（57.78%）、逃生教育（57.32%）、用电安全教育（56.40%）。该数据从一定程度上反映出高中阶段学生具有知识储备量有所增加、知识接受能力明显提高的特点，这就要求学校科学、分层次、有差异性地根据学生身心特点构建系统的生存教育课程体系。

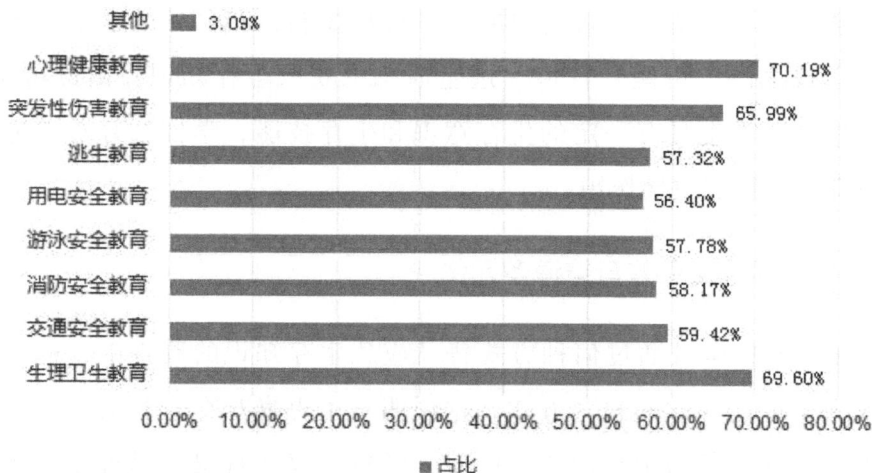

图1 学校生存教育课程内容需求分布

（四）学生对家庭、社会参与生存教育期待较高

在关于"当遇到有关应急生存、避险处突等问题时，你最想咨询的对象"的调查中，回答次数最多的选项是父母（84.70%）、同学或朋

友（68.88%），提及教师的较少。在"影响个人对生存、生命看法因素调查"中，前三个因素为自身性格（43.99%）、父母及家庭的影响（23.97%）、社会现象（19.04%）。在"最希望社会联合学校普及生存知识途径需求调查"中，78.66%的同学期待建设仿真体验基地，74.13%的同学希望开设公益体验课堂，专家多到学校实操指导、增强社会宣传普及力度分别占66.91%和61.59%，见图2。

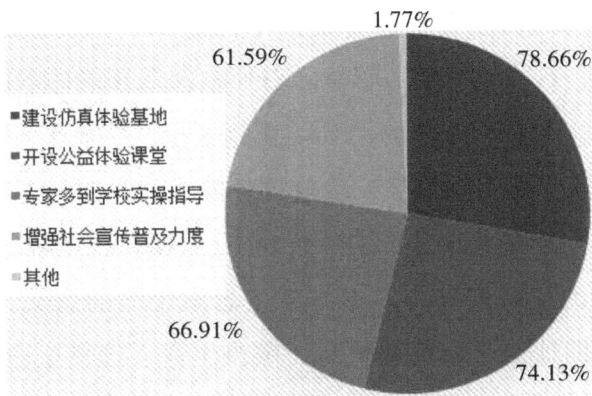

图2　生存教育途径需求分布

从数据结果来看，学生对家庭、社会参与生存教育的期待较高。构建新型生存教育家庭、学校、社会协作方式，拓宽教育内容与方法，对于强化生存教育核心价值理念的形成，延展生存教育的内涵具有实质意义。

三、面临的主要问题

（一）学生自我认知缺乏，生存能力欠缺

经统计，表示对自己很了解的同学占58.00%，37.00%的同学对自

我不大了解，近5.00%的同学完全不了解自己；在自我抗压能力的调查中，54.00%的同学认为自己抗压能力良好，43.60%的同学认为自己抗压能力欠缺；在对待生命观问题上，仅有29.50%的同学会关注、讨论与死亡、生命有关的话题，近10.00%的同学从未考虑；在采取何种方式应对压力问题上，54.50%的同学选择了转移注意力，26.46%的同学选择顺其自然，20.00%的同学不知所措，选择哭、压抑等方式。

从数据不难看出，有相当一部分学生不能正确体会生命存在的意义，心理脆弱，自我调节能力较差，对死亡缺乏正确的理解。这与当代社会竞争激烈、生存压力倍增，物质追求迷失、生命意义缺失，信息时代人际关系冷漠、孤独感倍增，学校教育模式较为功利等原因有关。

鉴于此，生存教育的实施是一个系统工程，在学校推行生存教育首先要从科学的生命观着力。引导学生思索生命的意义，开发学生的生命潜能，帮助他们学会尊重生命、敬畏生命、珍惜生命、欣赏生命、享受生命，塑造健全的人格和鲜明的个性，从而实现生存教育的价值超越。

（二）生存教育供给侧和需求侧发展不平衡

1.意愿与实际供需不平衡。

在对生命教育课程需求的调查中，91.53%的同学表示平时关注生存教育，学习和收集有关应急生存的知识意愿强烈；在"关于灾难，你最想了解的内容"问题中，前四名是自救与互救知识（74.85%）、灾害对人类的巨大伤害（73.87%）、灾害的成因（68.55%）、政府对灾害的监测与预防（61.72%），见图3。通过这两项数据，可见学生对于应急避险、灾难等生存教育课程有着强烈的需求，而现实却是61.06%的同学从未有过野外生存经历（如攀爬登山、一个人长途旅行），59.30%

的同学在生存能力的掌握上，对于较高要求的自我保护能力，如包扎止血、人工呼吸、心脏按压等医学自救、他救方法，掌握水平相当有限。可见在生存教育内容供给、实践体验方面供需失调。

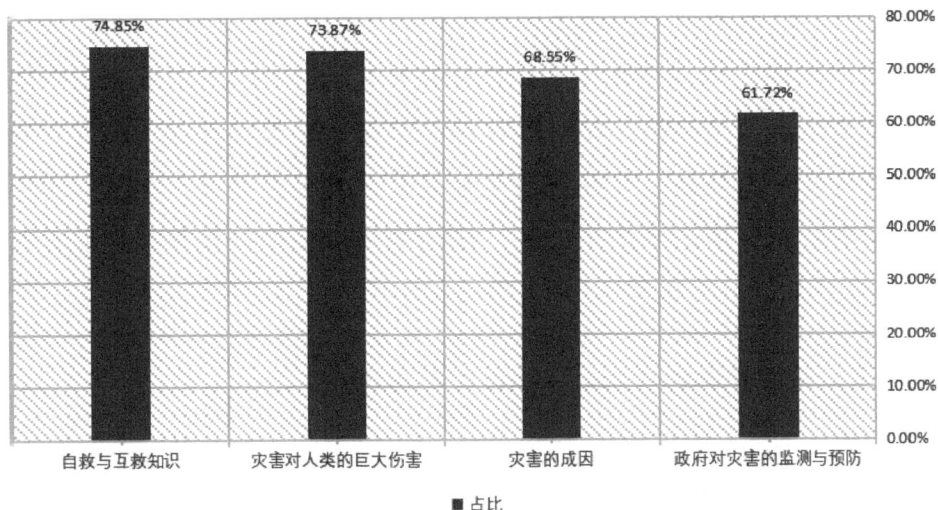

图3　灾难知识需求分布

2.软硬件设施供需不平衡。

在访谈中，71.80%的同学认为自己学校在生存教育课程实施的软硬件建设方面存在滞后性，不能满足教育需要。硬件建设方面，普遍缺乏相应的设施设备，98.00%的同学渴望学校或社会能够建设仿真体验基地，在逼近真实的情境中更深刻地体验灾难，感悟生命价值；软件建设方面，学校图书馆里与生存教育相关的图书、手册等资料甚为短缺。在访谈的73名学生中，18名学生回答学校没有有关生存教育方面的教材、手册等资料，32名学生回答"有，较少"，另有23名学生不清楚自己学校有没有这方面的资料。

3.师资力量供需不平衡。

在调查的7所学校中，没有学校配备专职生存教育课程教师，多数学校生存教育教师由班主任、思想政治教师、心理健康教育教师、心理咨询辅导教师担任。生存教育专职教师严重缺失，难以实现学校生存教育师资队伍结构合理化。

另外，根据调查，在众多的培训内容中，虽然一些社会团体通过举办生存教育论坛，开展过生存教育的教学观摩活动，但关于生存教育的师资培训涉及较少，使教师在提升自身生存教育理念、补充自身生存教育知识与技能、优化自身生存教育素养等方面进步缓慢。生存教育师资队伍发展不平衡不充分，成为制约学校生存教育发展的重要因素。

（三）课程渗透碎片化，目标设定不明确

从访谈调研数据来看，7所中高职学校目前均未单独开设专门生存教育课程，在"您所在学校哪个（些）学科生存教育渗透较多?"问题中，近八成的学生回答体育、思政、心理等学科，其他学科渗透较少。

由此可见，生存教育虽在各具体学科均有所渗透，但都是碎片化的、不成系统的学习，忽视了生存教育知识的系统性和完整性。与此同时，在教学目标的设定上不明晰，目前学校仅能满足掌握部分应急避险知识和技能这一短期目标，没有充分考虑年龄、个体差异、区域差异，不能适应动态、长远发展的社会对生存教育课程目标的需要。

（四）课程评价体系尚未形成，评估反馈滞后

生存教育课程评价指标体系在我市尚未形成。目前，高中阶段的生存教育课程评估及反馈主要集中于各具体学科课程，基本上忽略了渗透于学科课程之中的生存教育的目标、内容、实施方式及教学效果。

评估反馈方面，在我市局属学校的目标绩效考核、阳光校园创建、

文明校园评选中，虽然有涉及心理健康、疫情防控、安全演练等相关指标评估，但重结果轻过程，重形式轻效度。因此，建立行之有效的督评制度机制，是推进生存教育深入教育教学、浸润育人各环节的重要保障。

四、国内外先进经验及启示

（一）国内先进做法和经验

1.上海市做法和经验。

2005 年，上海市出台《中小学生生命教育指导纲要（试行）》，成为我国中小学全面开展生存生命教育最早的省份。该纲要也是我国最早对生存生命教育定位比较准确、全面的"指导纲要"。上海市根据不同年龄段学生的生理、心理特点，着手构建融人文关怀与科学方法于一体的生存教育体系。该体系从人与自我、人与社会、人与自然的视角出发，不仅局限于应急避险等内容，而是将其扩展为生存教育、发展生命的教育和死亡教育，构建起大中小学一体衔接的内容与形式，使学校课程体系与课外活动体系互补整合。

2.香港、台湾地区做法和经验。

香港教育统筹局德育及公民教育组推出了《世纪海啸灾难》系列教材，培养了学生互助友爱精神，提高了学生的应急避险意识，同时将生存教育渗透到高中地理和化学课程的教材中。通过生存教育课程的开设，香港的每一个中学生都知晓每种灾难预警的含义，并且能够在较短时间内作出正确应对灾难的对策。

自 2003 年开始，台湾地区已陆续编制完成幼儿、中小学、高中职、大专院校通识课程，大专院校专业课程与社会成人防灾教育教材等。尤其是嘉义县有明确的规定，利用每周二、五的第一节晨间活动40分钟实施防灾教育课程，共实施三周，即六节课；周四进行一次连续两节的防灾体验活动，让学生实践防灾应变疏散演练。

（二）国外先进做法和经验

1.日本做法和经验。

日本将学校的生存教育列入全国学生学习指导纲要，学校普遍开设了防灾减灾必修课和选修课，并将必修课和选修课有机融合的应急避险教育课程纳入学校的课程体系。实践课程方面，除了校内课堂向学生教授应对灾难的知识和情景模拟演习外，更加注重校外体验。教学形式主要包括：实地参观，如参观神户消防学校、人与防灾未来中心、野岛断层保护馆、人与自然博物馆等场所；带有危险性的野外生存训练，让学生置身于现实的地理环境中，提高生存技能和生存经验；到灾难仿真体验中心体验。

2.印度尼西亚做法和经验。

印度尼西亚"可持续发展教育背景下亚洲–太平洋地区自然灾害预防中的教育"项目组，以中学生尤其是灾难多发地区的中学生为目标人群进行了较为深入全面的研究，主要目的是开发新的应急避险教育课程和学习资源。该项目组开发出的可折叠图片工具箱和"灾难专家"游戏，可以使学生在较短时间内学会应对灾难的基本知识和技能。

五、措施及建议

本调研受众面主要为中职学生，现以青岛高新职业学校为例，提出以下措施及建议。

（一）建立生存教育体系实施长效机制

1.完善组织管理体制机制。

构建国家、省、市、学校四级领导管理体制的组织垂直关系。学校作为具体教育教学举措的实施单位，要加强顶层设计，坚持顶格协调，完善生存教育组织工作机制。研究制定具有区域特点、学校特色的生存教育体系建设实施方案，成立学校生存教育领导工作小组，形成校长为组长，党政齐抓共管，德育部门牵头抓总，各业务处室、教研室密切配合、互动联动，全体师生层层落实的递进式组织工作机制。

2.培育素质优良的教师队伍。

教师队伍是生存教育课程实施的主角，是课程实施过程的直接参与者。规范和优化生存教育师资队伍建设：第一，要加大投入，配齐配强专兼职生存教育课程教师。教师队伍应该具有不同的学科背景、年龄结构、知识结构、学历职称结构，实现学科信息共享，优势互补。第二，深入研究课程，提升教育教学效能。通过集体教研、磨课评课等途径，将生存教育元素与学科内容、实践活动、知识传授有机结合。第三，建立培训长效机制。突出生存教育教师培训的针对性、生动性，增强生存教育教师知识储备，掌握与时俱进、行之有效的教学内容和方法。

3.建立起科学合理、效度结合的考核机制。

第一，以项目化方法抓好方案落实，加强效益评价，将抓落实的压力传导至执行"末梢"；第二，形成专项督评和常规督评相结合，学生评教与教师自评相结合，督评要素与生存教育工作相匹配的督评机制；第三，建立有效的奖惩机制，奖优罚劣，形成反馈闭环，在动态管理中强化生存教育育人质量的提升。

（二）理实一体，深化生存意识教育

1.定制有关生存意识教育的课程。

学校要立足实际，研发生存教育课程，构建较完备的校本生存课程体系。分年级、分阶段、分层次开展生命起源教育、死亡教育、挫折教育、环境意识教育、生态伦理教育、环境价值观教育、感恩教育、理想教育等，引导学生逐步认识生命的特征、生命的价值，理性看待生死，关爱、珍惜生命，锤炼生存意志，乐观面对挫折，促进学生丰富生命情感，储备生存意识知识。

2.推广沉浸式体验教育，在实践中强化生存意识教育。

体验式教学是将认知过程与情感过程融合统一的教育模式，由校内生存体验活动和校外场所生存体验活动两部分组成。通过模拟灾难、情境创设、体验感悟、朋辈相长、团队互动等有针对性的沉浸式专题体验活动设计，让学生亲身经历、激发调整、升华内化知情意行等方面的生存素质与潜能。

根据高中阶段学生身心特点和个体差异，生存体验教学目标按照年级设计分三个不同的层级：高一年级，获得真实的对生命存在的感受；高二年级，形成深刻的对生命价值的理解；高三年级，取得科学的对生命危机的干预。

（三）构建"生存课程"与"课程生存"相融合的生存教育育人大格局

生存教育课程的实施，需要依托科学合理、差异分层的生存教育课程体系。

1.开发生存教育专项课程。

整合政府、社区、企业、协会等社会资源，组织专业队伍，根据区域特点、学校特色、学生特质编写内容丰富、针对性强的生存教育专项校本教材、生存指导手册，开设校本课程。

专项课程内容可以根据自然灾难与人为灾难两类进行设计，需要教学部门按照年级制定出专题课程在教学计划中的课时分配和学生的学分规定。

2.与专业课程融合渗透。

根据职业学校专业课程特点：第一，从专业核心课程的学习中培养学生的生存意识，从专业技能方面渗透岗位的生存保护技能；第二，依托市级、区、学校三级教研体系，利用工作坊、教研沙龙等形式深挖专业门类蕴含的生存教育元素，做到生存教育与专业教育相统一，知识传授与技能提升相统一。

例如，青岛高新职业学校在机电专业融入高压电安全知识、安全生产知识，在汽车维修专业融入交通安全知识，在旅游管理专业融入野外生存知识、饭店火灾、食物中毒、游客中暑等旅游安全知识，在会计专业中融入金融法规知识、金融反诈骗知识等。

3.与其他学科融合渗透。

第一，生存教育的学科渗透要从教材的实际出发，有意、有机、有序、有效地融入。需要各教研室结合学科优势，提取各知识单元能够进行生存教育渗透的素材，制订计划，明确目标，利用平台思维、生态思维创造性地将生存元素贯穿于每一个教学环节；第二，遴选教师，研讨示范。分批次打造"生存教育改革试点课程"，推选优秀教师进行学科教学渗透生存教育典型案例介绍，以点带面，推进生存教育教学全覆盖。

（四）搭建生存教育综合实践多元平台

1.与安全与心理健康"六个一"主题实践教育相结合。

通过主题班会、面对面谈话、家访、家长会、集体活动、疫情防控知识教育等安全主题教育实践活动，植入生命安全、心理健康、危机预测、防范处理等生存教育内容，使学生在非预期或非计划的环境中学习生存知识、价值观念和态度，潜移默化中影响和塑造学生生存意识，沉淀和积累生存教育知识与技能。

2.与优秀传统文化相结合。

青岛高新职业学校是山东省文明校园，青岛市首批校园文化建设示范学校，首批青岛市五星级阳光校园，在打造"高新知行""高新精神"传统文化、精神文化板块的同时，将中华传统文化的精髓与现代生存教育资源相结合，使优秀传统文化成为厚植青年学生生存教育智慧与修养的重要路径。

第一，学校自创"高新"育人"十字诀"，打造"仁义礼智信 忠孝谦勤勇"行为文化，使之成为涵养学生人格教育、家风教育、生命教育素养的重要抓手；第二，研发推广《中国精神读本》《感受时光——二十四节气文化品读》等校本读物；第三，组织人文讲座、生命教育专题讲座、传统文化经典诵读等活动，宣传生存教育思想理念。通过党史学习教育、人文教育、自然科学教育、研读经典、人文体验，给生存教育注入源头活水，让传统文化滋养生命成长。

3.与社团建设相结合。

在本次访谈调查中，针对"你喜欢通过何种活动参与学校开展的生存教育"一题，73名同学中有49名同学回答"校园社团文化活动"，有19名同学回答"社会实践"。可见，中职学生愿意参与各类校园生存教育社团活动。

第一，利用纪念日活动、重大节日节点、仪式教育等校园活动载体，开展生存教育，让学生感悟生命的价值。第二，根据学生需求，完善社团建设。根据分类分层，建设游泳、攀岩、高空速降等体育类社团，建立"消防小卫士""心肺复苏""野外生存小分队""环境守护者"等生存防护类社团，建设"网络安全""模拟营商"等专业类社团，建设"我爱我""知心姐姐"心理健康社团，帮助学生在实践感悟、团队协作中切实提高防灾减灾、应急避险能力。第三，结合"十个一"行动计划，依托节、赛、会、展、演等育人活动载体，分步实施、精致过程，关注个体、尊重差异，让学生在多元平台、多种体验、多重效能中收获自信，涵养品质。

4.建设模拟仿真体验基地。

借鉴国内外先进经验，依托现代大数据与信息技术相结合的有效路径，建立模拟仿真生存体验基地。

第一，整合政府（社区）、行业、企业、社会资源各方力量，建设公益性生存教育体验基地。建设包括地震体验及训练屋、泥石流体验屋、消防训练室、风速体验室、烟雾躲避训练室、紧急梯子逃生训练等大型生存教育模拟仿真体验基地。应用VR技术、3D技术、体感技术、沉浸式技术等构建火灾、地震、洪水、厨房事故应急VR系统，几乎100%还原现场灾难环境，模拟体验，让学生在新颖的体验中学习安全逃生知识和安全常识，使校园安全教育更具有功能性、针对性。

第二，鼓励有硬件条件的学校建设安全教育生存体验馆。可以从生活中常见的安全事故发生场景着手，如从交通、溺水、消防、地铁等方面设计事故沉浸式互动体验项目。如在毒品防范体验区中，还原不规范经营的KTV、酒吧等场所吸食毒品的场景，引导青年学生加强毒品防范意识；在消防安全体验展区，通过虚拟现实、全息投影、虚拟仿真等数字化技术，还原生活中交通出行、校园消防等场景，从而帮助青少年在沉浸式安全体验和交互式深度学习中掌握逃生技能。

（五）家校社一体，构建全域互动的生存教育体系

生存教育是一种全人教育，家庭、学校、社会都要承担起责任，充分利用每一处育人元素，引导青少年如何在有限的人生中提升自己生存的意义，进而创造更大的价值。

第一，健全机制，创新家校生存教育协同育人渠道。创造性开展"家长说案"主题课、"家长人文讲堂"家长研习制度，整合家长教育资源，让家长走进课堂对学生进行生存教育，开辟家校生存教育育人新渠道。第二，用好平台，畅通生存教育家校合作路径。采用线上线下结合，"三个平台"（家长面对面，家长大课堂、家校合作网）等育人路径，强化生存教育家庭指导服务。第三，引入专家外力，加强智力支持。由心理专家、企业专家对家长进行科学、有效的专业培训和指导。第四，加大社会资源参与生存教育学科整合。有效联合政府部门、研究院、博物馆、地方监狱、社区街道、公益机构、行业企业等社会资源，依托共建合作、研学旅行、企业实践、志愿服务等形式，构建有效的生存教育全域互动体系，形成教育合力，提升教育效率，使学生在各类社会实践活动中收获生命成长体验，促进生存教育的深入开展。

（六）构建生存教育课程评价指标体系

科学的生存教育评价体系涵盖生存教育课程标准评价、内容评价、实施过程评价、效果评价四个维度的评价指标体系。

1.研发活页式生存指导手册。

立足区域特点、学校实际，分年级、差异化制定实施30种生存技能指导手册（可结合各校实际情况制定），高中三年，每年掌握10种生存技能。技能手册内容包括每种生存技能的课程目标、课程标准、课时安排、课程内容设计、实施路径以及结果评价等。可按照教学周制定教学计划，每4周掌握一种生存知识。

生存指导手册的制定需要学校联合政府相关部门、企业、社会机构等各方力量成立专班，课程内容和标准设计要坚持针对性与实效性相结合、共性与个性相结合、职业性与技能性相结合的原则，科学研判、逐步实施。

2.探索将生存能力评价结果纳入高中阶段毕业鉴定体系。

第一，高中阶段生存教育课程实施效果评价可以从学生生存素质、生存知识和技能、生存活动开展、奖惩情况四方面展开，运用定量与定性相结合的评价方式进行；第二，生存素质的评价主要是针对生存心理素质（灾难认知、灾难情绪情感和灾难意志）进行考核评估，知识和技能主要是针对生存知行能力（安全知识、应急避险技能、身体素质、心理评估等）进行考核评估，生存活动主要是针对各类实践开展（社团参与、演练参与、社会活动等）进行考核评估；第三，根据评估反馈，每位学生制定生存能力成长手册。探索试验将30种生存能力评价结果纳入高中阶段毕业鉴定体系。

（本文获得2021年青岛市教育局优秀调研成果一等奖）

心中永远的"华夏红"

今天，我们把课堂设到青岛市人民会堂，共同见证2012级770名同学顺利完成三年的学习任务，在昨天下午"快闪"的祝福和红毯拱门的拥送中，在今天典礼仪式的隆重氛围里，你们即将踏上新的征程，在这令人激动难忘的时刻，我谨代表青岛华夏职业教育中心，对圆满完成学业的同学们表示热烈的祝贺！祝贺你们踏上人生的新征程，翻开人生的新篇章！

在2012年的9月2日——你们迈进"华夏"校门的第一个开学典礼上，我做过《"华夏"不在乎你的过去，在乎你的现在和将来》的讲话，其中提出了两个问题，一是站在新的起点上你们要明白为什么出发？二是站在新的起点上你们要明白怎样出发？为此，我提出了三个要求：有规矩成方圆（要明白规矩、纪律、底线的重要性），有严师出高徒（要懂得师道尊严、教师的良苦用心，要尊重你们的老师），有德能济天下（要清楚学习的目的和人生规划目标）。如今，我欣慰地看到，三年前的美好愿望已经变为值得骄傲和自豪的现实，经过三年

"华夏"学习生活的历练，你们承载着"追求卓越、和谐发展"的学校精神，铭记"允德允能、自强不息"的校训，用实际行动诠释了"自主·合作·开放·创新"职业生命成长教育的内涵，你们的目光变得坚定了，你们的步伐变得稳健了，你们以自信的笑容、负责的言行和成功的身影镌刻了"华夏红"里不可磨灭的印记！

在你们即将离开学校的"最后一课"上，作为校长，我想送上"三个感恩、三个难忘、三个字的祈愿"，寓意"三三不断、九九归一"，希望各位铭记共勉！

三个感恩

我要感恩学生，感谢你们选择了"华夏"，以你们不可复制的自主成长融入"华夏"大家庭，使我们的校园充满了生机和希望，使我们的学校教育有了情感归属和价值期盼。感谢你们！

我要感恩家长，感谢你们对学校工作的配合，你们的期望和学校的努力同频同谱，和谐共振。你们的厚爱、信任和支持已经成为学校教育不可或缺的宝贵资源。感谢你们！

我要感恩我的领导、同仁和社会各界的朋友们，感谢你们执着热爱、无私奉献和倾情关注，用你们的满腔热忱、卓越才智成就了学校辉煌灿烂的昨天、卓尔不群的今天和舍我其谁的明天。感谢你们！

三个难忘

回首三年的时光，许多生动的细节、精彩的瞬间依然历历在目，学校生活的欢声笑语、职业生命成长拔节的声音依然回响耳畔，笑脸墙上的阳光灿烂和教室花园里的嫣然回眸相当"萌萌哒"。

难忘周朝会上齐诵"诚信十字诀"时你们坚毅的表情，因为你们深知"诚信是金"的内涵要义，"立德树人"是国家意志和人生根本，努力践行社会主义核心价值观，认真扣好人生的第一粒扣子，你们的人生方向会更准确，发展道路会更通畅，正能量会更充沛。

难忘课堂上自主探究小组合作学习时你们求知创新的眼神，因为你们深知"合作、创新"实践价值，"山高人为峰"但不能忘记山的支撑，是第二成就了第一。合作、创新是"鸟之双翼、车之两轮"，将会支撑你们扶摇直上，勇往直前。

难忘你们"跑饭"时的身影，社团活动时会心的微笑，运动场上顽强的拼搏，艺术节上精彩纷呈的演艺。身心健康是第一位的，将伴随你们终生。要锻炼自己强壮的身体和强大的内心，进退舍得，处变不惊，无论是"居庙堂之高"还是"处江湖之远"，仰望灿烂星空，总会有你的位置，你会是明亮耀眼的那一颗。

三个字祈愿

中国的《易经》博大精深，浩瀚奥妙，大到无外，小到无内，其中的哲学内涵可以提炼为三个字，作为祈愿、祝福送给大家。

第一个字"上"。人生路上要求上进，有目标，做正能量的追寻者、拥有者、传递者。"上"不特指官位上升、财富上飙，上，是一种态度，一种对正能量的追寻与信仰。要"上进不争"。

第二个字"止"。做事要有度，要懂得适可而止。因为凡事止不住冲过头就不好了。什么叫作止？就是"为人君止于仁，为人臣止于敬，为人子止于孝，为人父止于慈，与国人交止于信"。要学会"适可而止"。

第三个字"正"。做人要正，要走正道、修正果。正即是道，所以"从上到止、从止到正"叫作上道。中国汉字告诉我们，上面有一横的叫顶天，下面有一横的叫立地。做人要顶天立地，堂堂正正。要走"人间正道"。

亲爱的同学们，话短情长，在依依离别之际，我想说：没有比人更高的山，没有比脚更长的路。请记住：将来不管走到哪里、身在何处，母校永远在关注着你们，老师永远在牵挂着你们！只要你们一直在努力，一直快乐和幸福，你们永远是"华夏"最值得的骄傲！

再见了，亲爱的同学们，当你们走出会堂的大门，面向大海，沐浴清凉的海风，呼吸清新的空气，阳光将与你们为伴，梦想将与你们同行。祝你们鹏程万里、人生辉煌！

（本文系作者 2015 年 6 月 28 日在 2015 届学生毕业典礼上的演讲稿）

坚守生长的力量

庚子年始，冬春代序。一场百年不遇的灾难——新冠肺炎病毒，在三江重镇武汉酝酿，从九省通衢的湖北蔓延，疫霾迅速笼罩春和景明的华夏大地，一场没有硝烟的战争在2020年辞旧迎新的时刻打响。习近平总书记亲自指挥，亲自部署，生命重于泰山、疫情就是命令、防控就是责任的号令响彻大江南北，坚定信心、同舟共济、科学防治、精准施策，我们完全有信心、有能力打赢这场疫情防控阻击战"的战略定力坚如磐石。从除夕夜星夜驰援，到元宵节紧急集结，全国各地3.2万余名医务人员日夜奋战在荆楚大地。火神山、雷神山、10余座方舱医院以"神"一般的速度搭建起"生命方舟"，党员干部身先士卒、冲锋在前，人民子弟兵、公安民警、政府工作人员、社区网格员、青年志愿者闻令而动，夜以继日、席不暇暖，聚集起排山倒海般的磅礴力量。山南海北、九州方圆、山川异域、风月同天，14亿中国人心手相连，同舟共济。在这场与疫情较量的全民战、阻击战中，有你、有我、有大家，有隔空抱、有席地眠、有脸上斑驳的压痕，也有亲人盼归的泪眼，有肆虐的风雪、有春来的脚步、有花开的声音，也有疫霾散尽露出大地的笑靥。"积力之所举，则无不胜；众智之所为，则无不成。"有中国共产党的坚强领导，有社会主义制度的优势保障，有中华民族伟大精神的稳健支撑，有全国各族人民的众志成城，没有什么困厄能够阻挡我们前进的步伐，没有什么险阻能够削弱我们攀登的意志，没有什么灾难能够停滞民族复兴的梦圆。

因战"疫"需要我们延期开学，久违的校园暂时缺少教师们忙碌的身影和同学们的欢声笑语，教师居家网络直播线上答疑解惑，同学们居家网络学习纵横另类课堂，学校给予的学习任务，除了学科学习任务外，更有人文历史、艺术欣赏、国学经典、生命安全、身心健康、劳动创造、家国情怀、社会责任等学习资源，需要在教师的指导下时不我待、认真学习、刻苦修炼，这是我们全体师生在特殊时期的"战斗任务"，这是"高新人"幸福教育的生长力量——必须坚守的生长力量。

社会是一所大课堂，疫情是一次大考验，人生需要在不断学习中丰富完备，经历磨难是在聚集生长的力量。恩格斯说，一个聪明的民族，从灾难和错误中学到的东西比平时多得多。我们有理由把这次抗击疫情的伟大斗争、伟大实践纳入我们的教育、纳入我们的课程，我们有必要深刻反思与廓清人与自然的关系、人与社会的关系、家与国的关系、自由与规则的关系、道德与法治的关系、科学与愚昧的关系、高尚与卑劣的关系等。所有这些都应该是也必将是教育的内涵、学习的养分、生长的力量，所有这些都需要强大的精神力量支撑，正所谓：精神在，雄师驰骋万里。

那么，这场防疫战争给我们的教育有哪些启示？生长的力量需要哪些精神支撑？身临这场没有硝烟的战争，我们应该有这样一些思考。

一是生长的力量需要民族精神。民族精神是中国人民的特质与禀赋，是以爱国主义为核心的团结统一、自信勇敢、开拓创新的伟大精神动力。"位卑未敢忘忧国"，一方有难、八方支援，上下同欲者战无不胜，强大的民族精神催生强大的生长力量，"武汉加油、中国加油"的呐喊蕴含着民族精神的伟力，"逆行者"的朴诚勇毅折射出民族精神的光芒。

二是生长的力量需要科学精神。科学精神让人们尊重事实与真理、反对迷信与盲从，让人们拥有批判的头脑、理性的思考。被称为"战疫F4"的钟南山、李兰娟、陈薇、张文宏身上体现出的求真、协作、包容、献身精神就是最好的诠释。谣言止于智者，不信谣、不传谣也是科学精神的体现。让新冠病毒无处遁形，更需要医学科学的力量和社会科学的管理来实现。

三是生长的力量需要法治精神。"依法"才能有章可循，"依法"才能定分止争，"依法"才能凝聚共识。社会关系的调整需要尊崇法治精神，法律至上、公平正义、保障人权、权力制约、社会和谐等价值追求在全民"抗疫"战争中得以完美体现，从湖北的"应收尽收、应治尽治"到全国各地打击防疫物品制假售假、冲击防疫检查点等违法行为，充分体现法治精神在统筹协调、规范秩序、提振精神等方面发挥出的巨大作用。

四是生长的力量需要担当精神。甘于奉献、勇于负责、敢于亮剑都是担当精神的硬核，在抗疫一线殉职的白衣战士、公安民警，风雪夜坚守防疫卡口的"白雪值守"，都是担当精神的写照。我们每个人坚持科学防疫，按照要求严于律己，管控好时间和学习工作任务，提升自主发展的能力水平，也是担当精神的完美践行。

身体健康是最大的自由，打赢疫情防控阻击战是一场没有旁观者的全民行动，是一场齐心协力的人民战争。我们每个人都是战士、都是一颗种子，只要不放弃努力和追求，小草也有点缀春天的价值。"没有一个冬天是不可逾越的，没有一个春天是不会到来的。"让我们团结起来，追求"通达高新、德能济世"的核心价值，坚守生长的力量，祈愿春暖花开，山河安澜！

（本文系作者2020年2月24日防疫期间线上升旗仪式"国旗下的讲话"演讲稿）

选择是人生重要课题

    刚才我们看了2018届毕业生的MV和师生真情演绎的情景剧，想必能够给同学们留下深刻的印象和长久的反思。我希望这些能够胜过你们玩的抖音和对外卖小哥的好评。2017年8月3日，我来到青岛高新职业学校，非常荣幸与我的同事一道陪伴同学们学习成长。对在座的同学们而言，我发现我有一个大大的亏欠，就是与同学们相处的时间太短，向同学们学习、为同学们服务的时间太短。如何弥补这一亏欠呢？我想或者八年，或者十年之后，你们携手你的爱人回到高新职业学校拍成长MV、拍婚纱照，我和学校银杏路上的金黄为你们的成长见证，我和学校樱花路上的绯红为你们的爱情喝彩，我和学校石榴园里的硕果为你们的收获开怀，可以吗？同学们！

    "通达高新、德能济世"已成为高新职业学校的核心价值追求，"全人幸福教育"将是我们打造的学校特色，"选择发展在高新、融合发展在高新、创新发展在高新、幸福发展在高新"将是"高新人"的矻矻追求。今天请允许我就"选择发展在高新"阐释我的观点，算是我的毕业寄语，送给大家。

"选择"是人生的重要课题，重大的"选择"关乎方向，细小的"选择"影响心态。你们三年前的"选择"造就了你们的今天，而今天你们的"选择"将决定你们的未来。三年前，你们选择"高新"发展自己，我相信我的同事们没有在乎你们的过去，我们看重的是你们的现在和未来。我们把毕业典礼安排在如火的七月，在中国共产党97岁华诞唱响"高新"毕业季的欢乐颂，意味着"你们的选择，决定了今天要带走美好的回忆、内心的强大、诗和远方"！

回顾三年的时光，你们用最美的青春做了许多不同的选择，选择了不同的"舞台"和各自的"生长"。专业选择了空气，课程选择了雨露，生涯规划选择了阳光；风儿选择了树，画儿选择了诗，键盘选择了执着，点钞纸选择了坚韧；"通达高新、德能济世"选择了价值基因，"三季三节三会"选择了青春与活力，"内生智育"选择了丰富与变化，"唤醒德育"选择了成功和自信；教师选择了同学们的成长和陪伴，同学们选择了对母校的回望与感恩，"通达高新六艺"社团选择了时尚与传承，"高新绿"选择了茁壮与葳蕤，"全人幸福教育"选择了希望与放飞。曾几何时，你们在学校里焚膏继晷、不忘初心，选择对知识的渴望、对技能的锤炼；曾几何时，你们不经意的失误和犯错误之后的彷徨，选择了对是非的准确判断和对真理的坚守；曾几何时，你们或许偷偷吸过烟、拉过异性同学的手、在内心萌生过火一样对爱情的渴望，过后你们选择了成长道路的坎坷与学会欣赏路边的风景；曾几何时，你们或许与同学闹过别扭、与老师有过罅隙，甚至可能给我起过绰号，过后你们选择了平静后的反思和交流沟通后的脸红。或许，你只是做了最平凡的阅读者，阅读"高新精神"的内涵、阅读一千多个日日夜夜的晨昏交替，享受岁月静好；或许，你只是做了最安静的思考者，一个人坐在谦牧亭（办公楼东面凉亭）的女儿靠上眺望一次次富有诗情画意的朝晖夕阳；或许，你只是艺术节舞台上的舞者、歌者，尽情享受闪光灯的炫目和粉丝的尖叫狂欢；或许，你只是运动场上的跑者、掷者，热力与能力将体育精神挥洒得淋漓尽致；或许，你只是默默地打扫校园卫生，为同学代抄作业，为同学打了一暖瓶开水、代收了一次快递。不论怎样，我和我的同事们都欣喜地感受到，是"选择"让你们获得了历练和成长。

"凡是过往，皆为序章"，从今天起，你们即将告别母校，走出校门，或继续大学深造（在座的有20位同学将进入本科院校就读），或就业创业建功，或入伍参军保家卫国，或出国留学开阔视界等，从此踏上多彩的人生路，用自己的"选择"去书写人生的精彩。

我希望你们的选择，决定你们从"高新"带走的是微笑。步入社会总会遇到这样或那样的委屈，或许会遇到有难处的同学、同事，或许会碰上烦心的工作，或许会在寂静的夜里孤单独酌，或许会在清晨醒来，发现自己仍然平凡普通，发现爱情还没敲响自己的门。凡此种种遇见，相比抱怨，我希望你们能选择微笑，对过去的伤痕一笑而过，对未来的挑战乐观坦然。微笑是最好的美容品，是最好的调压器，学会对自己微笑，学会对自己的内心微笑。世界是一面镜子，映射着每个人的内心，你的内心是什么样子，你的世界就是什么样子。选择抱怨，你的内心就充满着痛苦和灰暗；选择微笑，你的世界就充满阳光和希望；唯愿在你们的脸上，永远洋溢着自信、负责、成功的喜悦和笑容。

我希望你们的选择，决定你们从"高新"带走的是担当。今天的仪式对你们而言，是毕业礼，也是一个成人礼。"人生于天地之间，各有责任。"勇于担责是一种人生的态度，是立足社会、幸福家庭、成就事业至关重要的人格品质。首先，要承担一份为人子女的责任，"哀哀父母，生我劬劳"，当你为了心中梦想而风雨兼程时，也不要忘了一个电话、一声问候、一次回家探望，让父母老怀安慰。将来，你们还要承担为人夫妻、为人父母的责任，要恪守道德、弘扬美德、传承家风。我们还要承担一份公民的责任，正所谓"人人好公，则天下升平"。你们处于奋斗的年龄，不要选择安逸，要"面向太阳，不问花开"，"无问东西、自成芳华"，坚信"你若盛开，清风自来"。置身职场最重要的是要坚守"工匠精神"，我想，不论你们接下来要进入的是哪行哪业，都要静下心来体悟"大国工匠"安静而安定的内心，体会什么叫"闳约深美"。

我希望你们的选择，决定你们带走的是心中永远的"高新绿"。曾经听到过这样的调侃，让我感到尴尬和短暂的义愤。说"校长黑、高新绿"不好听，"校长绿、高新黑"也好不到哪里去，应该按照语义逻辑和事实正道，描述成"校长虽然皮肤黑、内心充盈高新绿"。"高新绿"是我们的校色，它具有厚重、内敛、包容、激情、活力等特质，希望"高新绿"的特质能够转化成为你们的成长基因，在你们的机体内疯长。

同学们，等待你们的将是更为广阔的天地。未来的生活，你们可以一杯茶、一卷书，感悟"心远地自偏"的宁静，也可以审时势、敢打拼，享受"一日看尽长安花"的潇洒。而我，只愿你们，在做任何选择时，都不曾忘记你们在"青岛高新职业学校"把握的初心，任何时候都不要丢弃从"高新"带走的微笑、担当以及心中那抹"高新绿"。我坚信正确的方向、合适的选择、不懈的努力，一定会让"高新绿"成为你们人生最曼妙的色彩。

同学们，道不尽的是离愁，说不完的是别殇。就要说再见了，可我知道，你们幸福转身的一瞬，是母校为你们驻足凝眸的一生；我更知道，无论时光多么久远，母校永远知你冷暖，懂你悲欢！今日，我们挥手作别，只望他日，你们都能欣慰，种种选择，千般道路，此生不负！最后，我把杨绛先生的一句话送给大家共勉：我们曾如此渴望命运的波澜，到最后才发现，人生最曼妙的风景，竟是内心的淡定与从容；我们曾如此期盼外界的认可，到最后才知道，世界是自己的，与他人毫无关系。再见同学们，我坚信今天你们"踏出校门一步、就能够肩负起高新荣辱"。

（本文系作者2018年6月30日在2018届学生毕业典礼上的演讲稿）

职教心韵:从"华夏红"到"高新绿"的生长印记

心中那抹"华夏红"

如天籁之音伴随红嘴鸥掠起的那一片

如国色之香簇拥蓝月亮透出的那一缕

穿越雪白、靛青、火红、金黄

使淬水的钢,闪烁乌青

使点卤的浆,灿烂坚强

追求卓越的鹰鸢光荣大地

和谐发展的轴承流连馨香

这是华夏精神的凝聚

凝聚成华夏红驻守的故乡

如浩繁星空中坦荡最耀眼的那一颗

如苍茫大地上描摹最风流的那一页

连缀宣言、气度、风骨、色彩

使游离的眼神,拷贝自信

使散乱的心音，澎湃激昂

无微不至呵护出冬日的暖阳

和合偕习沐浴着夏日的清凉

这是华夏文化的浸润

浸润出华夏红敦厚的脸庞

如辽阔草原由任胸怀，企盼思想信马由缰

如莽莽林海悦纳万物，放飞生命葳蕤茁壮

蕴积民主、和谐、乐业、进取

使油菜花的金色，浸染古铜色的脊梁

使石榴红的热望，融合宝蓝色的海洋

允德允能延展慈母的眼神

自强不息充盈游子的行囊

这是华夏乐章的绚丽

绚丽为"华夏红"不朽的绽放

四季歌

冬之歌

大地把血脉收紧，呼吸调整神韵的节律

古树把根须攥住，绿意脱胎参天的意志

火龙鸟遥遥回望，那一片腾起的红

微醺着，整修记忆的碎片

朝圣洁白的冬天

曾经的理想如纸鸢扶摇

曾经的信念如蒲苇韧坚

在经历春的萌动、夏的滋生、秋的沉积

我双手捧出的简历

赫然微笑着，呢喃

无悔无怨

鲜活的气息、鼓胀的肌体、氤氲的水汽

在冬的沉寂中孕育出

烂漫的山花，鹅黄的柳烟

还有生命在等待么

婀娜的姑娘、帅气的小伙

呼啦啦蜂拥而至

欢歌厚实的冬天

春之歌

阳光浸湿了季节

孩子们的银铃摇起柳笛声声，在街巷铺展

雨露滑开了昼夜

牵牛花的青藤缀起牧歌串串，伴溪流婉转

黄鹂和百灵

抖擞美丽、展览歌喉

春天的盛宴给出无限美意

春色中健步的人们啊

行囊中装裹的不只是生活的必需

撷一朵黄花斜插鬓角

唤一只蜜蜂伴随左右

心情畅快，步履轻盈

口哨润色至善、至真、至美的旋律，春天

我们去远方

山高路远、阡陌纵横，挡不住春天的脚步

风沙眯眼、险滩枉梏，锁不住春天的睿智

追求卓越，山高人为峰

和谐发展，路遥知马力

春天的期冀

是夏的津、秋的实、冬的孕育

夏之歌

春夜蛙鼓如潮，点燃自然原始的疯狂

夏日喷薄而出，流溢太阳执着的味道

你站在我的岸上

长成一棵绿意葱茏的树

雕塑夏天，雕塑自己的风景

暴风雨偃旗息鼓后静默地想

涤荡过的生命不会痛哭

柏油路烤炙过的柔软祭文

被驿站阅后存档

蝉噪林寂，鸟鸣山幽

晨曦梳理过风的发

暮霭熨烫过云的衣

盘点背篓里的采摘，让自信上路

旺盛蓬勃的特质，傲慢坚实的思绪，

饱满的期待呵

期待秋天有喜滋滋的答复

业精于勤、行成于思

流淌的眼神呵

编织美丽的期许无数

秋之歌

绿色茂盛着幽蓝色的梦，豆荚开裂

五彩浸染着山林中的魂，落英缤纷

沉实的性格感染了收获

弯廉辉映着银月

山在唱、水在笑、丰收在舞蹈

难忘倾情的播撒，希望在成长

难忘悉心的耕耘，幼苗在茁壮

难忘色彩的诱惑，自然在丰厚

难忘唯美的雕琢，意境在升华

浓浓的秋啊、厚厚的秋

你是心情难以放养的季节

畅想春去秋来花开花落，秋天敬畏规律

畅想车载斗量颗粒归仓，秋天仰慕思想

畅想斗转星移潮涨潮息，秋天尊重生命

畅想仓廪殷实继往开来，秋天崇尚理想

厚厚的秋啊、浓浓的秋

你是成熟难以流浪的季节

收集秋天斑斓的证据

携前脚的夏、后脚的冬

在大地宽厚的胸脯，盖上
为学生终身职业素质发展奠基的印章

大风歌

北国的雪原，南方的雨烟

东海的渔火，西域的荒漠

强悍与轻柔，明灭与连绵

在风的羽翼下，渐变

由抽象至具象

蓬勃笼罩整个穹宇，尽情放歌

风起的思维，云涌的形态

潮生的尊严，日落的眷恋

旋转与微笑，狷介与沉浸

在风的图谱里，幻化

由懵懂至清朗

绚烂葳蕤无穷色彩，恣肆涂抹

大风潇潇，万物善良

猎猎的旗帜把棱角、弧度、线条聚合成动人的表情

在人类进化的轨迹中凝固

雕塑一般壮观

大风潇潇，生灵鲜活

猎猎的身影把信义、仁爱、纯粹打磨成屹立的菩提

在宇宙洪荒的大千中点缀

暮雪一般舒展惠泽

欢呼、雀跃、撒欢

使无业者有业、使有业者乐且无疆

握紧双拳、锁紧眉宇、抿住嘴角

勇立职业教育改革的潮头，干事创业

舞大风，不停歇

沁园春·通达高新

己亥春立，气曛梅绽，地暄雪藏。听浮山青黛，暗影镶天；黄海滔波，气象千秋。樱添绯红，鱼缠莲藕，哪方景致堪承受。转方式，酬通达高新，谁不奋斗？

全人幸福教育，志人本夙夜怀心头。唯唤醒德育，激发需求；内生智育，悱愤左右。生涯擘画，多元路径，葳蕤青春不言愁。能遗恨，立峰首栉风，来轸方遒？

贺新郎·高新荣耀

山浮海多骄，浪激荡，云追镰月，意气生发。省部共建大职教。高地隆起工匠撬，宏方案，蓝图妖娆，三十方阵吹画角。展雄姿，恰如波涛啸。须跻身，莫迟到。

"高新"应运转型早，秉初心，供需均衡，人本立校。卓异精神气自横，谁堪机遇忒好。更多元，通达路径，和合偕习幸福邀。日如梭，渐宽衣带笑。争朝夕，不言老。

迎新春·柳风写春意

柳风写春意，丹青山川瑞气。鸢影抖童戏。烛烟火，走蛊疠。数斗移，浪淘沙细。看方圆，屠花莺语争系。舞翩然如是。神州安，踌躇满志。

通达高新，德能济世。瞰高地，工匠精神卓异。再启华章建体系，职教适，长入经济。扬千帆，培优提质实内涵。把棹奋楫，群情激昂，撸袖擘画摇旗。

踏莎行·虎步腾奔开胜景

壬寅年至，山川锦绣。林涧踞啸后，弦歌奏。五彩牧雪，冬奥光影就。山海呼拥，乐和宇宙。

岁序忙替，水肥壤厚。职教高地起，宏图构。全人幸福，瞰匠心左右。不言层次，适性游走。

青玉案·兔跃引暖万木春

腊火红蕙跃玉兔。又返顾，风雷戏。梅萼绽雪醉梦路。额手巷陌，蛊疠苍狗，渺渺青烟处。

九州八极春永驻。问花信，牧阳季。职教体系擂战鼓。和合偕习，通达卓异，大国工匠是。

葳蕤蓬勃"高新绿"

葳蕤蓬勃"高新绿"

做一棵挺拔的树，

庞大的根系网格土地

成为大地的血脉

吮吸水分、养分、年轮的精华

成为大地的经络

触摸气质、度量、偾张的神韵

尽管地下流浪着黑暗

热力的呼唤，在地心

葳蕤蓬勃"高新绿"

做一棵挺拔的树

繁茂的枝叶招摇斑斓

成为天空的色彩，涂抹上下五千年

秦砖汉瓦的冷艳、唐诗宋词的本分

成为天空的剪影，勾勒纵横十万里

文艺复兴的笑靥、四大文明的遗存

尽管天边徜徉着梦想

青春的抗辩，在腾云

葳蕤蓬勃"高新绿"

做一棵挺拔的树

粗壮的躯干宣示强劲

成为精神的支柱，螺旋

适性成长的教育、全人幸福的基因

成为价值的本色，镌刻

通达高新的肌理、德能济世的风骨

尽管转角舞蹈着眼泪

奋斗的后浪，在意林

结实收获：春耕夏耘　秋收冬藏

构建高质量职业教育体系的"高新"实践

一、建设背景

2019年国务院印发《国家职业教育改革实施方案》，2020年1月，教育部和山东省人民政府联合发布《关于整省推进提质培优建设职业教育创新发展高地的意见》，现代职业教育体系建设成为职业教育改革的重点工作。2022年5月，新修订的《中华人民共和国职业教育法》指出："国家建立健全适应经济社会发展需要，产教深度融合，职业学校教育和职业培训并重，职业教育与普通教育相互融通，不同层次职业教育有效贯通，服务全民终身学习的现代职业教育体系。"

作为山东省首批高水平中等职业学校建设单位，青岛高新职业学校自2018年起探索实施中小学段的职业启蒙和职业体验，高中学段的普职融通、中高职贯通培养，在职段的社会培训、退休段的老年大学一体化办学，制定了《青岛高新职业学校"大中小老成"一体化培养实施方案》等制度。5年来，学校加挂青岛市理工高级中学校牌，成为山东省首批十所、青岛市首批三所综合高中试点校之一，解决初中毕业就让学生面对非"普"即"职"的选择难题，给学生提供多元发展的成才路径；所有专业实现中高职贯通培养，人才培养质量全面提升；开展职业启蒙和职业体验，有近万名中小学学生走进校园，接受职业生涯规划的早期辨识；每年开展职业培训3000余人次、学历教育500余人次，声乐班、茶艺班等老年培训400余人次，实现全生命周期、全链条教育、全素养发展和职普融通、中高职贯通、家校企社联通、发展渠道畅通的"三全四通"一体化终身教育培养模式，提高了学校服务能力，提升了职业学校社会形象。

二、主要解决的体制机制问题

（一）解决职普融合路径不畅、资源配置不融通等问题

建立普转职学业生涯指导、普职融通学分互认学籍互转机制；成立青岛市职普融通教育集团，开设职普融通实验班、职教高考班，优化职普融合路径，实现职普科研互通、师资共育等资源"整合、融合、综合"。

（二）解决中高职培养各自为政、衔接不贯通的机制问题

聚焦顶层设计、人才培养体系设计、师资队伍建设、实训条件建设、社会服务能力提升等一系列关键环节，实现对口高职贯通培养全过程四统筹（招生就业统筹、学生管理统筹、教学管理统筹、教师培训及聘任统筹）、五统一（统一教学计划、统一教学大纲、统一教学进度、统一课程体系、统一考核标准），以提高中高职贯通培养质量。

（三）解决职业规划和职业启蒙教育碎片化、不成体系问题

形成从小学至初中各阶段、分年级逐级推进的职业启蒙内容和方式，相互衔接、形成体系，实现职业感知、职业兴趣、职业体认、职业理想、职业指导递进发展。

（四）解决职业教育和老年教育体制隔阂、无先例可循问题

坚持保供给、补短板、扩优质、提质量、强服务，建设具有"高新"特色的老年教育课程资源，加大老年教育共同体建设，以重点项目辐射带动老年教育服务水平提升。

（五）解决社会培训、技工培训多方协同参与机制不健全、服务经济不紧密、产教融合不深入等问题

精准对标需求，坚持分类施策，开发建设培训项目和培训资源，广泛开展职工技能培训、就业创业培训、失业人员再就业培训。

三、建设措施

（一）建章立制，为一体化人才培养提供体制保障

学校组织中高职院校及行业、职教专家，制定一体化人才培养相关方案、章程13个，解决一体化培养在体制机制上遇到的诸多难题。对中小学职业体验现状、社会及企业人才需要、在职员工培训需求及老年学习需求进行调研，立足学校师资，确定专业设置、学习内容、班额数量等，提高岗前岗后培训的针对性、实效性，推动职业教育各

种资源"整合、融合、综合"。

（二）多措并举，中小学职业启蒙与职业体验为一体化培养夯基垒台

一是建立职业体验联盟，牵头成立职业启蒙和职业体验教育联盟，涵盖各个学段、优质企业、社区、行业协会等，依托学校场地整合多方资源，建设辐射青岛市区东部的青岛职业体验基地。二是系统实施，做好顶层设计，设置职业技术课程，实施综合实践课程，开展主题活动，多种途径渗透，提高学生的职业认知能力。

（三）创新实践，积极探索一体化人才培养有效路径

一是创建职普融通教育集团。2017年学校与青岛市六十七中、六十八中试点普职融通培养。2019年学校与青岛二中建立合作校关系，打造"十分钟教育圈"，共创综合高中办学模式。2020年学校与青岛二中分校、青岛十六中等普通高中联合推进新型普职融通试点，建立以综合高中为主体的青岛市普职融通教育集团，通过课程资源、师资、教研等方面共建共享、学生学分互认、学籍互转等途径，构建教育集团内学校的普职融通，为学生选择发展、适性发展搭建平台。

二是建立中高本长学制发展联盟。2016年学校成为青岛职业技术学院应用技术学院，试点服装、计算机、财会专业五年贯通培养；与青岛酒店管理学院、山东服装职业学院、潍坊职业学院等高职院校实施"三二连读"培养；与山东大学、武汉理工大学青岛研究院签署"结对高校 联合育人"共建框架性协议，与韩国首尔明知大学探索举办"计算机应用专业+影像设计专业"的"3+4"中外合作办学项目，构建具有鲜明类型教育特色的中职、高职和本科一体化的现代职教体系。

三是制定一体化人才培养方案。学校与高职院校实施招生就业、学生管理、教学管理、教师培训及聘任的"四统筹"和统一教学计划、教学大纲、教学进度、课程体系、考核标准的"五统一"，为一体化人才培养探索有效途径。

（四）增值赋能，职业教育与技工教育、终身教育一体化提高了服务经济社会发展的效能

一是提升资源配置水平，服务社区教育、社会培训。积极参与区域乡村产业振兴，构建现代职业教育对接乡村人才培养服务体系。挂牌青岛开放大学崂山分校、中国海洋大学继续教育学院教学点、崂山区人力与社会保障局就业技能培训服务签约单位、青岛市退役军人职业教育和技能培训签约机构等，是山东省劳务培训基地、青岛市总工会"'四位一体'职工赋能"培训基地、崂山区公共实训基地、国际焊工培训基地，积极发挥职业教育人才培养、科技研发、决策咨询、文化传承以及创新创业等方面资源优势，丰富培训种类和形式。2021年11月起学校开展送课下乡、送课进企业活动20余次，助力乡村振兴事业，服务社会发展。

二是打造高水平的数字资源平台，提升老年教育服务能力。推进老年教育课程资源建设，开展线上学习和线下培训有机结合，逐步形成覆盖城乡的远程老年教育体系，服务于区域老年群体，为老年人提供多元化学习途径。

四、创新性和示范性

（一）聚焦学校高质量发展体制机制创新

学校聚焦当前职业教育"打造纵向贯通、横向融通的现代职业教育体系"的重点工作，树立系统观念，出台了《青岛高新职业学校"大中小老成"一体化培养实施方案》等13个相关方案、章程，普职、校企、校社、学历教育与终身学习，职业教育与社会服务等都有明确的制度规定，打通现代职业教育体系政策落实的"最后一公里"。

（二）率先建立"三全四通"学校教育新模式

通过"大中小老成"一体化培养，实现了全生命周期、全链条教育、全素养发展和职普融通、中高职贯通、家校企社联通、发展渠道畅通的"三全四通"终身教育新模式。突破了年龄限制、时间限制、类型限制、学校围墙的限制，建立了一所真正意义上的开放式高水平职业学校。创建了青岛开放大学崂山分校、崂山区老年大学青岛高新职业学校分校、山东省三级安全生产教育培训机构、青岛市理工高级中学、"高新"社区学院等，实现了学校资源最大化统合、企业资源最大化融合、社会资源最大化整合，满足不同年龄段人群对职业教育的需求，职业教育的社会服务力大大提升。

（三）创新一体化人才培养内部运行统筹模式

为保障现代职教体系建设，落实一体化培养机制，学校创新"四梁八柱"实施策略。"四梁"是指党建统领、制度保障、人才支撑、品质赋能；"八柱"是保障项目实施的学校八大建设工程，即文化建设凝心铸魂工程、现代学校制度建设工程、"唤醒德育"品牌建设工程、"内生智育"品牌建设工程、师资队伍建设"雁阵"建设工程、专业迭代转型升级建设工程、现代职教体系建设工程、综合高中建设工程，突出了实践性、实效性。

（四）示范引领职业教育创新发展高地建设

作为首批山东省综合高中试点学校，首批山东省高水平中等职业学校立项建设单位，青岛市职普融通教育集团牵头学校，青岛市规模最大、最早开展职业启蒙和职业体验的职业学校，青岛市首家办老年大学的职业学校，学校一直走在探索现代职教体系建设的前列。综合高中试点四年来，学生普转职比例逐年增多，职教高考成绩逐年提高，2022年有65名学生进入高职本科学习。加强相关课题研究，8项课题获山东省、青岛市"十三五"规划课题立项，部分已结题。普职融通、课程建设、师资培训、教学改革等方面的改革成绩颇丰，在全国、青岛市进行多次交流，《青岛日报》《海报新闻》等多家媒体进行报道。"大中小老成"一体化培养的办学经验刊登在《中国教育报》《中国教师报》《教育家》《江苏教育》等期刊，对其他院校落实现代职教体系建设起到了很好的示范作用。

五、实施成效

2021年学校获山东省首批高水平中职学校建设立项，在构建高质量职教体系方面卓有成效，具体如下：

（一）增强了"小中"学生的生涯规划教育实效

学校充分发挥设施设备和办学条件优势，多措并举开展职业启蒙和体验教育活动，打造出无人机模拟飞行、服装色彩搭配、茶艺、电子电工等职业体验示范项目，近5年来，共有近万名学生和家长走进学校进行职业体验。组织专业教师走进社区、企事业单位和初中学校，为600余名居民、员工和初中、小学生带去职业素养培训和职业启蒙体验，扩大了职业启蒙和职业教育的市域影响力。

（二）搭建了"大中"学生的多元发展平台

学校为高中段学生搭建普职融通、春夏高考互转、升学就业、出国留学皆可的成才立交桥，为高职段学生搭建专升本、出国留学、学术实践兼容、参军或就业等发展平台，实现学生的多元发展。通过建设"学校、学生、家长"三位一体学生发展指导机制，使学生的生涯规划能力、自我认知能力、适性选择能力逐步增强，能根据自己的具体情况科学选择普职和专业方向。综合高中试点4年来，经过一年普高学习后分流到职教学习的学生比例逐年增加，由2018年的23%提高到2020年的64%。

（三）服务提升了"老成"社会人的职业培训和终身学习资源配置

学校于1994年成为青岛开放大学崂山分校，培养了非全日制本专科毕业生近7000人。2013年学校获山东省安全生产监督管理厅授予三级安全生产教育培训机构资质，近三年来共培训3800余人获得低压电工、熔化焊接与热切割作业等特种作业操作证。2021年学校挂牌成立崂山区老年大学青岛高新职业学校分校，在青岛市职业院校中率先参与老年教育，开设声乐、茶艺、时装模特、礼仪与形体四个专业，招生 300 余人，办学效果良好。2022 年学校参加青岛市"智慧助老"工程，创建"高新"社区学院，新开设智能手机、摄影及老年太极拳师资班，尝试把老年大学打造成社区老年工作培养"队长""师傅""带头人"基地。学校获"全国职业院校服务全民终身学习"项目实验校，"职业教育助力乡村振兴"和"老年教育赋能提质"项目顺利通过中国成人教育协会的遴选和验收。

（四）全面提高了教育教学质量，提升了职校形象

学校以一体化现代职教体系建设为契机，全面实施"全人幸福教育"办学理念，"选择发展、融合发展、创新发展、幸福发展"的办学特色凸显，社会满意度和美誉度逐步提高，先后获山东省级文明单位、山东省文明校园、山东省优质特色中职学校立项单位、山东省高水平中等职业学校建设单位等近百项荣誉称号，《中国教育报》《青岛日报》等多家媒体进行了报道。综合高中办学经验作为典型案例，入选教育部《2019 中国高中阶段教育发展报告》。学校荣获青岛新闻网、青岛市教育局评选的 2021 年度青岛市改革创新学校。贵州、广东等省份名师名校长多批次到学校参观考察，办学成果得到一致赞誉。

本篇成文于 2022 年 10 月

综合高中办学的实施策略、问题与反思

《国家中长期教育改革和发展规划纲要（2010—2020年）》中提出"探索综合高中发展模式"；中共中央办公厅、国务院办公厅先后颁布《关于推动现代职业教育高质量发展的意见》《关于深化现代职业教育体系建设改革的意见》等文件，多次提出探索发展综合高中。"综合高中"作为区别于普通高中与职业高中的学校类型，成为大家讨论与关注的热点，也成为各地高中阶段教育改革的重点之一。

山东省于2018年开启了新一轮的综合高中试点，出台了《关于加强高中阶段教育改革发展的意见》，指出"探索发展综合高中，实行职普融合，为学生提供更多选择机会"，青岛高新职业学校成为十所首批试点学校之一。2019年1月青岛市教育局公布的《青岛市综合高中建设工作实施方案》指出："破除体制机制障碍，打破普职界限，推动高中阶段学校多样化有特色发展，构建具有青岛特色的综合高中人才培养新模式。"青岛高新职业学校成为青岛市首批三所试点学校之一，并加挂青岛市理工高级中学校牌，正式开启新时期综合高中办学试点。

经过4年的办学实践，青岛市理工高级中学在综合高中课程体系建设、职普分流、师资培养等方面进行大胆改革，积极探索综合高中办学模式实施路径，积累的"高新经验"为新时代各地综合高中的办学提供借鉴。

一、实施策略

（一）构建"三平台、三模块"嵌入式课程体系

"综合高中"是高中阶段普通教育和职业教育互相渗透融合的一种新的教育类型，要实现普通教育、职业教育与升学教育的高度综合和有机统一，课程是否综合尤为关键。青岛市理工高级中学以学生发展为本，通过"学校、企业、社会"三个平台，构建"通识课程、职业课程、社会课程"三模块嵌入式课程体系，给学生提供多元的、丰富的课程自由选择，厚实文化基础，培养专业兴趣，引导学生选择发展。

1.建立基于普通高考和职教高考的通识课程模块。

综合高中的学生大多以升学为目标，学校精准规划课程设置，建立普通高考方向、职教高考方向通识课程模块，突出"必修+选修+专业综合"的"青岛理工"课程特色。构建灵活的"模块化"课程管理模式，夏季高考方向以普通高中课程为主体，职教高考方向以不同专业教育课程模块为主体，供学生自主选择，满足不同层次学生的需要。

高一开足开齐语文、数学、英语、历史、地理、生物、物理、化学、政治、艺术、体育与健康、选修等通识课程，嵌入"理工"特色社会研学课程。高一学年结束后，根据学生个性发展需要进行发展方向选择，选择夏季高考方向的学生，通过选课走班，按照山东省普通

高中新课程方案要求,重点强化普高文化课程;选择职教高考方向的学生,编入职教高考班,强化职教专业课程。

2.嵌入新工科特质的职业课程模块。

根据学校发展定位,职业课程模块突出"理工特色",不断开发"职业与生活取向的项目课程",尤其是具有新工科特质的无人机应用技术、服务类机器人应用技术、智能家居、自动控制、新能源汽车技术、互联网+现代服务等专业校本课程,建立网络课程资源库,供学生自主选择。嵌入"专业基础课程""岗位技能课程",培养学生专业兴趣、专业素养,引领学生基于课程统整、试探、分化条件下的生涯发展方向选择。高二后选择职教高考的学生,根据人数可单独成班或编入青岛高新职业学校职业高中班,按照职教高考大纲要求,重点强化中职文化基础课及相关专业课程的学习。

3.嵌入不断拓展的社会课程模块。

综合高中多元化和多样化的课程设置要求,如果仅仅局限于校内资源是不可能满足的,需要充分利用校外资源,利用"社会大课堂"、校际合作尤其是高校雄厚的科研资源,使校内教育与校外教育相结合,引领学生认识社会、认识科技、认识专业,提升综合素养,促进学生全面发展。学校不断拓展新科技、新能源、新工科方面的社会课程资源,带领学生走进当地研发中心、新能源生态科技馆、海底隧道建设展览馆、大中企业及高校实验室,开展研学,开阔学生视野,体验新科技,帮助学生辨识专业兴趣,服务学生综合发展。

"三平台、三模块"嵌入式课程体系见图1。

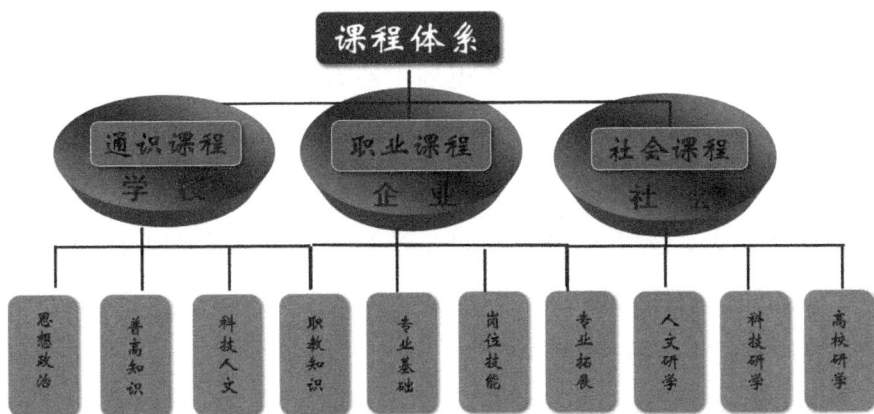

图1　"三平台、三模块"嵌入式课程体系

（二）建立"学校、学生、家长"三位一体学生生涯规划指导机制

综合高中的优势之一是能给学生提供多个自由发展的选择机会，满足学生更好地适性发展。但如何选择，如何根据自己的特质做出适合自己的生涯发展决定，是当前很多孩子缺失的能力。在综合高中办学实践中，学校始终将学生的生涯规划能力培养作为学生的"必修内容"，学校多次邀请生涯规划指导联盟及生涯规划专家，对教师、学生、家长进行生涯规划指导，全面提升他们的规划指导能力，建立"学校、学生、家长"三位一体学生生涯规划指导机制。

1.增强教师生涯规划指导能力。

学校与生涯规划指导联盟签订培训协议，对教师进行青少年规划师认证培训，从生涯规划理论、生涯规划工具和生涯规划应用三方面全面培训，增强教师科学规范指导学生生涯规划的能力，帮助学生做出最有利于人生发展的选择，做好学生综合高中普职选择、专业选择、后续发展选择的引路人。

2.增强学生生涯规划能力。

学校先后多次与高校的生涯规划中心合作开展生涯规划教育，邀请生涯规划指导师对全体综合高中学生进行生涯规划讲座，对学生进行职业性格、职业倾向测评，并进行针对性指导，培养学生智能分析与自我认知能力，努力提升学生自主选择升学和未来职业的能力，使学生学会选择、适性选择。

3.增强家长生涯规划指导能力。

加强家校联合，利用家长会、家长学校、讲座等，让家长了解教育改革的政策和新时代、新高考背景下对学生综合素养的要求，了解学校生涯教育的具体做法，了解学生发展状况，传递生涯教育的理念，根据学生学习状况及生涯规划情况，科学指导学生普职分流、专业选择、发展选择。

通过科学的职业倾向测评、专业的职业生涯规划教育及特色课程的试探学习引导，唤醒学生发展的主体意识，让学生明确自己有意向的专业或职业需求，有针对性地扬长避短，提高学生科学理性选择发展路径的能力，做到"我想"与"我能"的统一，"短期明确性目标"与"长期方向性目标"的统一，"崇高理想"与"现实环境"的统一。

（三）建立"三联合、三共享"质量提升机制

综合高中是对传统的普教、职教二元教育类型的超越，在师资建设、课程融合、教学资源等方面都面临着较大的挑战。为提升综合高中育人质量，学校加强与优质普高、普职融通教育集团、知名高校的联合，在课程资源、师资、教研等方面实现共建共享，构建开放性的教育资源。

1.与优质普高联合，共享资源助推质量提升。

学校与距离较近的一知名普通高中建立合作校关系，打造"十分

钟教育圈"。两校通过发挥理念引领互通、课程引领互通、教学引领互通的"互通聚能"效应，在教师选聘、课程融合、教学资源共享、学生创新实践及活动交流等方面进行了深入对接，双方各自发挥优势资源进行普职融合，共创综合高中办学模式。学校聘请了合作校的9位骨干教师担任教研组长，承担理工高中的教学指导任务，理工高中新入职教师与合作校骨干教师结对跟岗学习，两校互派干部驻校挂职锻炼。双方教师通过结对帮扶、教研集备、磨课研课、课程资源共享合作开发等形式，共享教学资源，提升综合高中教育教学水平。

2.建立普职融通教育集团，共享资源互促质量提升。

学校通过筹办"普职融通教育集团"，联合多所普通高中、职业高中，探索建立以综合高中为主体的普职融通教育集团，通过集团学校课程资源、师资、教研等方面共建共享、学生学分互认、学籍互转等途径，构建集团内学校间的普职融通，扩展综合高中办学资源。

3.与高校联合，共享资源引领质量提升。

学校先后与多所"双一流"大学、研究院签署"结对高校 联合育人"共建框架性协议，充分利用高校实验室、图书馆、学术报告、高端论坛、特色课程等资源，开展深层次、全方位、多维度合作。建立学习基地，组织学生走进高校研学，在研学中发现自己的兴趣所在，走进实验室探究科学发展，提高学生对"新工科"专业的认知。充分发挥高校的辐射带动引领作用，开阔学生眼界，指导学生树立学习目标，为学生综合发展提供支持。

（四）实施"引才培才"师资提升工程

综合高中师资队伍建设是办好综合高中、提升综合高中质量的人力保障基础。身为综合高中的教师，既要懂普通高中的教学规律、课程标准，又要懂职业教育的人才培养要求、授课内容，更要懂综合高中的发展理念、育人方向和标准要求等。学校通过"引才培才"工程提高师资水平，赋能综合高中发展。

1.引才工程。

根据需要合理制订人才引进计划，拓宽师资引进渠道，通过招聘普教骨干教师、免费师范生、优秀大学研究生等，引进和招聘具有普教教学经验及符合综合高中发展的教师26名，充实到综合高中师资队伍中。

2.培才工程。

多渠道、多形式培育师资，培养综合高中教师"跨界综合"教育能力。合理调配校内师资，选派16名校内业务骨干、学科带头人与青岛一流普通高中的优秀师资结对跟岗学习，充实综合高中师资队伍。加强校本培训，通过校本培训自我驱动自主发展、名师引领共同发展、量身定制特色发展、五子登科支持发展、制度保障规范发展"五发展"培训模式，打造综合高中"动车型"教师团队，引领各个学科快速提速、共同发展。

二、实施成效

（一）提高了学生基本文化素养，促进学生全面发展

党的十九大报告指出，中国特色社会主义进入新时代。人民对教育的需求不仅仅满足于高中毕业后即就业，而是希望得到更多的教育机会，全面提升文化素养，以适应经济社会的飞速发展。综合高中的办学模式，顺应了人们对教育的期盼，很好地解决了学生初中毕业就

去面对非"普"即"职"的选择难题，给初中毕业生提供了一个缓冲的学习平台。通过高一年级普通高中基础知识的全面学习，使学生的学习习惯、学习方法得到不断优化，学习成绩进步很大，为学生打好坚实的"理化生史地政"全学科知识基础，提升了学生基本文化素养，2018—2021级学生的学业水平考试通过率均达95%以上。

综合高中通过组织丰富的文体活动、自主的职普分流，给学生提供了更多的锻炼机会；通过组织学生参与研学、企业认知等活动，建立多样化、嵌入式的课程体系，学生可以更好地选择今后学习的方向，体现了以人为本的教育思想，符合尊重个性差异发展、自主选择主动发展的教育内涵，使学生的自信品质、选择能力、专注素养、成功体验得到明显提高。2022年8月通过对已经毕业的2019级综合高中的182名学生进行问卷调查，收到有效问卷163份，其中44.79%的学生认为升入综合高中后，"自信心逐渐增强"；33.74%的学生认为"无悔自己的选择，相信通过努力可以有好的发展"（见图2）。

选项	小计	比例
随着对自我的不断了解，自信心逐渐增强	73	44.79%
面对繁重的课业压力，自信心减弱	23	14.11%
无悔自己的选择，相信通过努力可以有好的发展	55	33.74%
完全没信心，想放弃	12	7.36%
本题有效填写人次	163	

图2　2019级综合高中调查问卷汇总1

（二）建立了人才成长"立交桥"，促进学生多元发展

学校坚持以人为本、全面发展的教育原则，根据学生能力和发展需求，提供了普通高考、职教高考、出国留学、入伍就业等适合的生

涯发展选项。

通过"学校、学生、家长"三位一体学生发展指导机制建设，学生的生涯规划能力、自我认知能力、适性选择、自主发展能力逐步增强，能根据自己的具体情况合理确定普职分流、专业选择。学生对于综合高中的多元发展路径比较认可，在2019级的调查问卷中，对于综合高中"以学生为本、尊重学生个性化选择"的培养模式和多元发展路径的选择方式问题中，90.18%的学生选择了"完全同意"和"基本同意"（见图3）；93.86%的学生认为与普通高中相比，综合高中提供了更多的发展选择和可能（见图4）。

对于学校目前"以学生为本、尊重学生个性化选择"的培养模式和多元发展路径的选择方式，是否认可？

选项	小计	比例
完全同意，很认可	80	49.08%
基本同意	67	41.10%
基本不同意，很多方面需要改善	12	7.36%
完全不同意	4	2.45%
本题有效填写人次	163	

图3　2019级综合高中调查问卷汇总2

与普通高中相比，综合高中为你提供了更多的发展选择和可能？

选项	小计	比例
是的，完全同意	78	47.85%
基本同意	75	46.01%
完全不同意	10	6.13%
本题有效填写人次	163	

图4　2019级综合高中调查问卷汇总3

（三）顺应新时期教育改革发展，推动高中教育多样化

综合高中的创建，摆脱了高中教育普职二元结构，实现了普职横向融通。它克服了"双轨制"体制下普通教育过于注重升学取向、职业教育过于注重专业训练的"两极化"弊端，有效弥合了普通教育与职业教育的"真空地带"，拉开了普通高中、职业高中、综合高中、特色高中"四位一体"的高中学校建设格局，顺应新时期教育改革，为广大学生提供更多的选择机会、更适合的发展方向和更高的教育质量。学校在实践中研究，在研究中实践，总结提炼出适合综合高中学生及学校发展的模块化、嵌入式课程体系，师资队伍建设，教学管理等方面的经验做法，为综合高中建设及高中阶段教育改革提供了很好的借鉴。

三、问题与建议

（一）课程内容的综合性、广泛性有待加强

综合高中的特色在"综合"，难点也在"综合"，但不是简单地将普职二者的教育资源拼凑在一起就是"综合"。现阶段学校虽然构建了"三平台、三模块"嵌入式课程体系，但大多课程直接套用普通高中或者职业高中的教材和课程内容。在实践中发现，普通高中的课程内容相对于综合高中的学生来说具有较高的学习难度，职业高中的课程内容又具有较强的专业性，如果简单地拼凑在一起必然影响综合高中课程体系的综合性、科学性和完整性，也影响学生的全面综合发展。

综合高中的创始人科南特曾指出，能够"提供广泛的课程是综合

高中的最大特点"，一般情况下，中等规模的综合中学提供200门以上的选修课程供学生选择。虽然学校开发了一些新工科、新财经方面的课程，但大多还是建立在专业发展的基础上，没能充分考虑综合高中的学习现状，难以满足学生的需求。要想做到真正的综合，需根据综合高中的发展定位和特色，科学设置课程体系，开发综合高中课程，推进综合高中普通教育课程和职业教育课程的有机融合，以满足综合高中学生的多元智能特点和选择发展需求。

（二）综合高中师资培养的针对性有待加强

综合高中的教师需具有"综合"能力，尤其是建立在职业高中基础上的综合高中教师，要突出普高课程教学能力、普通高考及职教高考研究能力、综合高中课程开发能力、生涯规划指导能力、综合高中学生心理指导"五种能力"的建设，有针对性、系统性地加强教师培训。但现阶段的培训课程大多还是普职分类进行，没有专门针对综合高中师资队伍建设的培训内容，建议教育主管部门及师资培训部门要考虑这方面的需求，加大综合高中师资培训课程的开发，增加综合高中师资的专门培训活动，以提高综合高中教师专业化水平。

（三）与综合高中相配套的评价制度需要健全

综合高中人才培养模式试点意在推动高中阶段学校多样化、有特色的发展，尊重学生自主发展，满足不同潜质学生的发展需要。其独特的定位、多元的培养目标和课程设置，都意味着它必须有与之配套的评价制度。但现在的评价制度并没有对综合高中进行针对性考虑。从近五年的综合高中录取分数看，学生的中考成绩基本低于普高录取线，2018、2019级学生中考成绩低于普高录取线30～50分，如果单纯以将来学生毕业后的升学率来评价综合高中的办学质量，以高考分数来评价学生，则综合高中将永远是"四流"高中，也就失去了综合高中的特色发展和存在意义。2020年10月中共中央、国务院颁发的《深化新时代教育评价改革总体方案》中指出："教育评价事关教育发展方向，有什么样的评价指挥棒，就有什么样的办学导向。"要"坚决克服唯分数、唯升学、唯文凭、唯论文、唯帽子的顽瘴痼疾，提高教育治理能力和水平"。同时指出："改革学生评价，促进德智体美劳全面发展。"要"树立科学成才观念。坚持以德为先、能力为重、全面发展，坚持面向人人、因材施教、知行合一，坚决改变用分数给学生贴标签的做法，创新德智体美劳过程性评价办法，完善综合素质评价体系"。此方案的颁布为综合高中办学质量及学生发展水平的评价指明了方向。建议学校、教育主管部门等尽快健全相关评价制度，以促进综合高中的可持续发展。

综合高中办学，任重而道远，试点学校唯有在实践中不断探索，遵循教育规律和学生成长规律，为学生提供更多选择机会、更适合发展的方向和更高的教育质量，才能走出稳健的综合高中办学之路。

（本文系山东省"十三五"规划重大招标课题"山东省综合高中发展的研究与实践"（项目编号：VZ2019005）、山东省教育科学"十三五"规划2019年度一般自筹课题"综合高中办学模式运行机制研究"（项目编号：YC2019249）的研究成果之一。）

突破学生向上生长的"天花板"

随着新修订的《中华人民共和国职业教育法》和中共中央办公厅国务院办公厅印发的《关于推动现代职业教育高质量发展的意见》等一系列法规政策的实施，职业教育迎来新的发展机遇。

职业教育与普通教育是两种不同的教育类型，具有同等重要地位。两种不同教育类型下的学生都能出彩——这在青岛高新职业学校（青岛市理工高级中学）有着直观的体现。作为山东省首批综合高中试点学校，该校堪称高中教育改革的先锋。让学生升学有路径、留学有平台、就业有基础、创业有资源，近年来该校为学生搭建起成才的"立交桥"，每个学生都能找到适合自己的发展道路。

一、搭建成长成才"立交桥"，学生生长有"上升力"

作为中职学校首批齐鲁名校长，青岛高新职业学校（青岛市理工高级中学）校长，我从事职业教育已近30年，见证了青岛乃至国内职业教育的变迁。随着时代的发展，社会对高素质人才需求日益多元，中职教育不是"终端教育"，而是"职业基础教育"；不应单纯以"就业为导向"，而是要"就业与升学并重"，要让中职学生拥有更加多元的选择，要让他们的成才之路越走越宽。

2016年，青岛高新职业学校划归青岛市教育局直管，站上了新的发展平台。2017年，我调任该校，新一届学校领导班子成立。2018年学校成为山东省首批10所、2019年成为青岛市首批3所综合高中试点学校之一，并于2019年加挂青岛市理工高级中学校牌，与青岛二中联合开展学生培养工作，办学模式、育人方式、管理体制、保障机制改革全面启动。2019年，学校获评"山东省优质特色中等职业学校建设工程项目学校"，内涵发展、品质生长全面铺展。2020年，依托专业特色建设、迭代升级，学校所有专业实现中高职一体化培养，专业链条更具接续性、层次性，人才培养质量全面提升。2021年，学校获评首批"山东省高水平中等职业学校建设计划立项建设学校"，学校办学理念、教育体系、内容、方式和治理的现代化向纵深推进。

三年的综合高中试点，让高新职校对于职普融合发展有了更多更深的思考。理工高中的学生入学后注册普高学籍，学习普高课程，获得普高学生的学习能力和文化素养，学校同时为其植入"理工"特色职业课程，实现"全人"综合素养提升。高一学年结束后，学生根据个性发展需要选择发展方向，待高中毕业前，普高课程成绩优秀者可选择夏季高考报考学术型大学，职业课程成绩优秀者可通过职教高考报考应用型大学。由于成才渠道多元通畅，"综合发展，理工见长"办学特色鲜明，认可综合高中培养方式的学生和家长越来越多。该校综合高中试点班从2019年招生200人，发展到2022年计划招生300人，招生规模稳步扩增。

近年来，高新职校深化职教高考政策解读、质量提升探究，实施分层教育、分类指导、科学分流。该校开设了两个普职融通班，历年来，学校有近百名学生通过职教高考升入天津工业大学、温州大学、青岛大学、济南大学、山东建筑大学、山东交通学院等本科院校。同时，学校所有专业均与高职院校联合开展"三二连读""五年贯通"合作培养，让学生既有扎实的专业技能，又具备持续升学深造的潜力。

学生不仅在升学方面有"上升力"，在就业方面也做足储备。近年来，学校与海尔集团、极地海洋世界等100余家单位建立稳固的校企合作关系，为学生拓展优质的就业发展空间。学校的每个专业均建立创业、创客实践基地，培养学生的创业实践能力。学校还为学生开发了"职业与生活取向项目课程"，其中有大量具有新工科特质的专业校本课程，如无人机应用技术、服务类机器人应用技术、智能家居、自动控制、新能源汽车技术、互联网+现代服务等。

2021年，学校218名学生参加汽车运用与维修、Web前端开发、智能财税、服装陈列设计、无人机驾驶等五个1+X等级考试，1680人参加工信部组织的职业能力等级考试，通过率均为100%。

二、完善分层分类培养体系，教师团队有"战斗力"

拥有一支高水平的教师队伍，是学校实现高质量发展的前提和基础。近年来，高新职校大力培育"雁阵型"教师团队，激发整个团队的活力和"战斗力"。

学校完善教师培养机制，实施"科学化、制度化、常态化"教师培训，提高培训质量。建立分类分层培养体系，开展新教师入职培训、青年骨干教师企业跟岗、教学名师能力建设等周期性全员轮训，促进教师职业发展；同时统筹规划实施教师教育教学、教科研、教材建设、专业技能、信息化教学等方面的培训。实施五级梯队培养路径，建立"合格教师—骨干教师—优秀教师（教学标兵）—教学名师、名班主任—教学专家"的五级梯队培养路径，指导教师做好个人成长规划。搭建教师校本培训、国内外研修、实践锻炼、企业挂职、生产与技术研发、名师工作室等平台，举行教学设计、说课赛课、课程研发、课题研究等活动，给教师搭建展示平台，激励教师不断成长，提高教师职业素养。

学校灵活引进优秀人才，优化"双师型"师资队伍。一方面根据专业调整方案，适时引进物联网等新工科及休闲旅游、财税等现代服务业所需要的教师，优化师资队伍；另一方面引进高技能人才、大师名匠兼职任教，建立兼职教师资源库。学校还与企业共建"双师型"教师培养培训基地和高水平技术技能大师工作室，校企合作培育骨干教师，提升教师"双师素质"。

培育"雁阵型"教师团队。首先是以齐鲁名师、名校长为"领头雁"，带动培养一批社会知名度高、行业影响力大的教学名师、技能大师、专业带头人。其次是通过实施"绿叶·星光工程"结对发展、"名师工作室"建设引领、"一室一名师"培养工程，建立新老教师互助生长机制，加强青年教师、骨干教师、名师培养梯队建设。

截至2021年，学校培养齐鲁名校长、齐鲁名师、青岛名师、青岛市拔尖人才、市级以上优秀教师、学科带头人、教学能手累计30人以上。

三、破立并举与时俱进，办学模式有"竞争力"

一种办学模式有没有竞争力，关键看它能否与时俱进。

近年来，高新职校以建设高水平学校和专业为契机，破立并举，优化整合现有六个专业群。积极推进"AI+专业"模式下的教学元素数字化改造，深化教学内容、方式方法、评价等基于人工智能、大数据的迭代升级，不断提高专业建设品质和育人质量。2021年度，学校物联网、服装专业获评青岛市优质专业"扬帆计划"建设项目。

学校深度参与"世界工业互联网之都"建设，积极推进青岛市物联网职教集团建设，2021年新增网络信息安全专业、服务机器人装配与维护、无人机操控与维护等新工科专业，为经济社会发展现代化蓄势赋能。

学校还计划以产业学院建设为抓手，推进产教深度融合。一是与青岛红妮智造有限公司共建高新红妮服装产业学院，校企共建校内服装综合实训基地，开展教学、实训、科研、社会培训和社会服务，将产业学院打造成为服装科技创新服务的国际平台。二是与青岛德日通汽车服务有限公司共建高新德日通汽车服务产业学院，将产业学院打造成集产、学、研、训、育于一体的产教深度融合的典范。三是与青岛衡升有限责任公司合作共建高新衡升现代制造产业学院，承载学生技能实训、顶岗实习、教师企业实践、企业员工技能培训与继续教育等任务。四是与青岛超逸国际旅行社合作，在校内共建高新超逸旅游产业学院，开展旅游专业教学、实训、旅游产品开发与服务，打造全国康养旅游研究平台、智能全域旅游服务平台。五是依托物联网专业群建设，校企共同投入在校内建设高新LED产业学院，共建LED实训室，携手开展培训、实训、研发等工作。六是与德国焊接技术与培训研究所合作成立高新中德焊接产业学院，引入 ISO9606 标准，面向社会开展国际焊工的培训与考核，打造世界焊接技术服务与交流平台。

　　正是由于与时俱进的改革和发展，近年来，学校获得国家级重点职业学校、山东省高水平中等职业学校立项建设单位、山东省优质特色中职学校建设项目学校、山东省规范化中等职业学校、全国网球特色学校、山东省文明校园、山东省依法治校示范学校、首批青岛市五星级文明校园、首批青岛市校园文化建设示范校等百余项荣誉称号。

本篇成文于 2022 年 5 月

"十个一"融入学校发展肌理

对于职业学校而言，如何实现知行合一全面育人，是关乎教育教学质量的重要问题。青岛高新职业学校聚焦理想信念、家国情怀、道德认知、行为习惯等育人目标，将"十个一"深深融入学校发展肌理，推进"全人幸福教育"，构建新的育人格局。

一、全面育人，培养全素养人才

"全人幸福教育"已经成为青岛高新职业学校的办学特色和品牌。在青岛高新职业学校校长孙洪传看来，"全人幸福教育"与"十个一"同源同流、同途同归。"全人幸福教育"首先要培养的是"健全的人"，要面向所有学生的全面发展。学校推行"全人幸福教育"，就是大力推行素质教育，培养具有健全人格、健康体魄、才艺广泛、崇尚劳动和具有社会责任感、创新精神、实践能力的德智体美劳全面发展的合格学生。

青岛高新职业学校扎实推进"十个一"，在体育、美育、劳动教育、生存教育等不同领域亮点不断。作为全国网球特色学校、青岛市校园足球特色学校，网球、足球等体育项目早已在学校开展得有声有色。落实"十个一"以来，学校不断创新工作思路，引进专业师资和先进理念，开设棒垒球、武术等特色体育课程，让学生至少熟练掌握一项终身受益的体育运动技能，从体育运动中享受乐趣、增强体质、健全人格、锤炼意志。目前，在"年级有专类、班级有专项、人人有专技"的体育新格局之上，学校田径队、篮球队、排球队、乒乓球队、健美操队在各项比赛中崭露头角，取得青岛市中学生运动会职高组团体总分第一名的好成绩。

在美育教育中，青岛高新职业学校以课堂为载体，通过音乐鉴赏课全面提升学生的艺术鉴赏水平，以班级合唱为龙头，带动其他艺术活动项目齐头并进、全面开花，2021年青岛高新职业学校合唱团还取得青岛市合唱比赛二等奖的好成绩。在劳动教育中，青岛高新职业学校坚持校内与校外相结合，通过开设刺绣等传统工艺劳动教育课、布置家庭劳动作业、定期开展劳动技能秀等手段，营造了崇尚劳动、尊重劳动的良好氛围。学校实施语文"四个一"工程，带领学生精读一本书、记好一篇日记（周记）、诵读一首诗词、进行一次演讲，以读书沙龙、诗词朗诵、演讲、辩论赛等多种形式，积淀学生的文化素养，让学生爱上阅读、爱上写作、爱上生活。

尤其值得一提的是，青岛高新职业学校创新延展"十个一"的内涵，率先推行生存教育，通过完善的课程结构，帮助学生认知生命、尊重生命、热爱生命，掌握生存技能，提升生存意志，增强生存本领。青岛高新职业学校正在规划与系统设计，未来在校学习三年，学生能掌握射箭、攀岩、手球、速降等十二项身体素质类技能，学会防范地震、台风、暴雨等十余项自然灾害的安全技能，还能掌握野外求救、野外过夜、激流生存等十余项野外生存技能。

二、完善链条，搭建广阔平台

"今天我赠予你这本'全人幸福'绿色护照，这是我们之间的约定，希望你以'德智体美劳'全素养发展为目标，以学校育人'十字诀'为引擎，向着心中的理想之地不断奔跑，努力生长，千日过后，请你凭借优异的五育成绩，手持这本绿色护照，我会为你颁发毕业证书，你愿意吗?"新生入学时校长递上的这本绿色护照，伴着高新学子开启了全新的学习旅程。三年中，这本充满创意的小小护照本，将详细记录学生落实"十个一"、德智体美劳全面发展的成绩。"十个一"也通过一本小小护照，真正融入评价，融入学生的成长之中。

在完整的育人链条中，除了绿色护照这样的评价机制，活动载体同样重要。青岛高新职业学校按照"知行合一、全员参与、全人养育"原则，构建"三季（入学季、研学旅行季、毕业季）、三节（体育节、艺术节、技能节）、三会（运动会、社团成果展示会、校友会）"等有效路径，将"六艺"传统文化思想精髓与"三季""三节""三会"活动载体平台、现代时尚元素、学校实际相结合，开设"礼、乐、射、御、书、数"六大联盟51个社团，为学生全面发展搭建起广阔平台。

在艺术节上，青岛高新职业学校面向全体学生开设合唱比赛、器乐比赛、舞蹈比赛、环保创意手工设计大赛、十佳歌手比赛、书法及绘画比赛、校园摄影大赛、微视频制作大赛、中华经典诗词诵唱比赛等多个比赛项目，让每名学生都能感受艺术之美。在为期一个月的体育节上，青岛高新职业学校设置丰富多彩的项目与活动，让学生们走向操场、走到阳光下，在运动中点燃激情，充分享受快乐。运动会开幕式上，2000

多名高新学子通过音乐剧、歌舞、情景重现等形式，讲述红色故事，传承红色基因，祝福伟大祖国，在活动中增强民族自信心与自豪感……

三、熏陶浸润，涵养自信品质

青岛高新职业学校将"十个一"融入学校校园文化体系，依托"高新浸润"特色活动文化体系、"仁义礼智信　忠孝谦勤勇"育人十字诀，以及"敬以生德、净以生美、静以生慧、竞以激潜、精以生优"的行为文化养成教育，实现以文化人、全面育人。

另一方面，"十个一"也成为"高新浸润"特色活动体系的基础与底座。青岛高新职业学校突出营建的"晨读文化"基于"十个一"的"诵读一首诗词"，提升了学生的人文素养；"跑操文化"基于"学会一项体育技能"，提升了学生的体质健康水平和体育精神；"社团文化"基于"掌握一项艺术才能""参与一次志愿服务"等，提升了学生的综合素养；"沙龙文化"基于"精读一本书"，提高了师生的文化素养。

此外，青岛高新职业学校还把"十个一"与以"自信品格、选择能力、专注素养、成功体验"为特质的"唤醒德育"工程融合在一起，以活动为载体，全面提升学生的核心素养。针对职业学校的学生特点，学校全面落实至少掌握两项体育技能和一项音乐技能的体艺"2+1"项目，推行"校风看运动、班风看操场"活动，普及全校合唱教育，推进"海洋国防、儒家文化"研学课程建设，开发特色研学旅行教育，让学生在多元平台、多种体验、多重效能中收获自信，涵养自信品质。"综合发展、全人培养、幸福教育"正在每个高新学子身上绽放。

本篇成文于 2021 年 11 月

打造"全人幸福教育"的"和合"校园

"校园文化建设不是建设一面文化墙、提炼一段标语这么简单，而是要通过校园文化建设，将学校的办学理念、教学思路潜移默化地融入每个孩子的血液中。"作为青岛高新职业学校的掌门人，校长孙洪传对学校的文化特色品牌有着更高一层的期待。

"青岛高新职业学校的'和合'文化特色品牌精神是一种海纳百川、有容乃大的精神；是一种融通融合传统教育与个性教育的精神；是个体与集体力量高度凝聚、合作统一的精神。"在办公楼的"和合偕习 通达卓异"的文化墙前，孙洪传指着上面的八个字侃侃而谈。

一、打造"和合"校园特色品牌

让红与绿这组对比色，在校园里和谐共存，融合升华，这是青岛高新职业学校"和合"校园里的独特风景。

"提起我们青岛高新职业学校，给人印象最深的就是象征朝气、希望、活力的'高新绿'，这不仅因为我们的校服是绿色的，更重要的是我们的校园也是最美的绿色，我们的育人理念也是生机勃勃的耕耘之色！"在青岛高新职业学校党委书记袁有存的身后，身着墨绿色运动服的学生们在操场上跑操，拉开一天学习生活的序幕。从原来的崂山县沙子口公社东部沙滩上的青岛第三十三中学，到涵盖了普通大专、普通中专、职业中专和成人大专、成人中专等办学层次的青岛高新职业学校；从占地仅有27亩、校舍陈旧不堪的偏远学校，到拥有2个学生餐厅、3幢宿舍楼、全功能体育馆的崭新校园，跟学子们朝气蓬勃的面庞一样，这所几经迁址易名的学校，始终以朝气向上、昂扬进取的面貌示人。

与蓬勃生机的"高新绿"形成强烈对比的，还有办公楼里随处可见的"中国红"。袁有存说，之所以在办公楼设立以"中国精神"为主题的特色墙，希望在潜移默化当中，让教师们深深感受到祖国的伟大，让这种精神传递到教师的教育教学工作当中，在教师们的心里生根、发芽、开花、结果。

二、让传统与现代完美糅合

让传统与现代对冲生发新的内涵，把历史与科技完美糅合，这是青岛高新职业学校的学子身上"和合"文化呈现的神奇效果。"无论是办公楼里的'和合偕习 通达卓异'，还是教学楼里的'通达高新 德能济世''仁义礼智信 忠孝谦勤勇'，合起来体现的是学校的理念与精神，每一个字单独拿出来，又是一段故事，一种情怀！"青岛高新职业学校党委书记袁有存说。学校加大精神文化建设力度，培育"自强不息 追求卓越"的学校文化，打造文化育人高地。

作为一所崇尚现代化办学的学校,校园里涌动着现代科技的身影,正是这些先进设备的使用,让学校班级的文化"活"了起来。在教学楼中,每个班外的墙壁上都悬挂着一块电子显示屏,上面不仅有班级信息、班级光荣榜、当天课程安排、名人名家传记,更有班级活动视频。孩子们可以自己拍摄班级活动,然后上传,如此一来,班级的风采就可以通过这个显示屏展示出来。

三、尊重个性特点 着力全面发展

"学校提出了'全人幸福教育'的办学理念,并以'通达高新 德能济世'为核心价值目标,全力打造以'自信、选择、专注、成功'为特质的'唤醒德育'教育,以'兴趣、方法、恒心、激励'为特质的'内生智育'教育。"

在学校教学楼的中轴线上,孙洪传指着墙壁上的"创新发展在高新""幸福发展在高新""融合发展在高新""选择发展在高新"的文化墙说,每天路过这里,看着墙壁上孩子们的一张张笑脸,那种幸福感是发自肺腑的。他说:"所谓的'全人幸福教育内涵'体现在两个方面,首先要培养的是'健全的人',要着力于学生的全面发展、全体发展,培育人的核心素养;尊重学生个性特点,推行个性化、特色化、差异化教育,让每位学生都有适合自己发展的路径。其次是通过教育教学行为的有效践行,让每一个教职工在教育教学中实现自己人生的价值,享受教育的幸福;让每一名学生享受到幸福的教育,培育学生感受、感知、感悟幸福的意识能力和创造幸福的能力。要使每个学生都确立为社会、为他人、为自我创造幸福的信念,获得为世界、为人类创造幸福的能力,使每个学生在学生时代享受生活的幸福,体验生活幸福,进而热爱生活,关注时代,向往明天,奉献社会。学校推行

'全人幸福教育'，就是大力推行素质教育。"

借助"和合"校园打造"全人幸福教育"，培养具有"家国情怀、阳光心态、宽广视野"的全素养人才，让孩子们凝聚起"阳光"和"全"能量，这是青岛高新职业学校的教育愿景，也是学校的教育承诺。

本篇成文于 2020 年 11 月

遵循人才成长规律　助力学生多元发展

2018年3月，青岛高新职业学校深化育人模式改革，启动特色高中建设计划，探索实践综合高中办学模式，实现普通教育、职业教育的融合，为学生提供更多选择发展、多元成才的机会。

学校以"全人幸福教育"为办学理念，以"综合发展·理工见长"为办学思路，形成以"面向全体、延缓分流、尊重差异、强调选择、多元发展"的发展态势，构建了"三平台、三模块"嵌入式课程体系、"规划指导、资源共享、师资培养、课题引领"为支撑的质量保障体系、基于学生发展的"四维四度四主体"立体育人评价机制，为学生全面素质提升、个性化发展、多元化成长搭建平台。

一、构建"三平台、三模块"嵌入式课程体系

学校以学生发展为本，通过"学校、企业、社会"三个平台，构建"人文课程、职业课程、社会课程"三模块嵌入式课程体系，厚实

文化基础，培养专业兴趣，引导学生科学选择发展。

一是建立基于普通高考和职教高考的人文课程模块。学校精准规划课程设置，建立普通高考方向、职教高考方向人文课程模块，突出"必修+选修+专业综合"的"理工"课程特色，构建灵活的课程管理模式，提供夏季高考及职教高考方向，供学生自主选择，满足不同层次学生的需要。

二是嵌入新工科特质的职业课程模块。学校开发"职业与生活取向的项目课程"，有新工科特质的无人机应用技术、服务类机器人应用技术、智能家居、自动控制、新能源汽车技术、互联网+现代服务等专业校本课程，建立网络课程资源库，供学生自主选择。嵌入"专业基础课程""岗位技能课程"，培养学生专业兴趣、专业素养，引领学生基于课程统整、试探、分化条件下的生涯发展方向选择。

三是嵌入不断拓展的社会课程模块。学校拓展新科技、新能源、新工科方面的社会课程资源，带领学生走进青岛海信研发中心、特锐德新能源生态科技馆等企业，以及武汉理工大学青岛研究院等高校实验室，进行研学修习，开阔学生视野，体验新科技，帮助学生辨识专业兴趣，服务学生综合发展。

二、创建"规划指导、资源共享、师资培养、课题引领"的质量保障体系

建立"学校、学生、家长"三位一体学生发展指导机制。学校对教师进行青少年规划师认证培训，从生涯规划理论、生涯规划工具和生涯规划应用等方面全面培训，增强教师科学规范指导学生生涯规划的能力，做好学生普职选择的引路人；对全体综合高中学生进行生涯

规划讲座，进行职业性格及职业倾向测评，培养学生智能分析与自我认知能力，提升学生自主选择升学和未来职业的能力；利用家长会、家长学校、专家讲座等，让家长了解教育改革的政策和新时代新高考背景对学生素养的要求，传递生涯教育的理念，增强家长生涯规划指导能力，科学指导学生普职分流、发展选择。

建立"三联合、三共享"质量提升机制。学校加强与优质高中、普职融通教育集团、知名高校的联合，在课程资源、师资、教研等方面实现共建共享，不断提升育人质量。

建立普职融通教育集团互促质量提升。学校现正在筹办"青岛市普职融通教育集团"，联合普通高中、职业高中、义务教育学校、高校、社会教育机构等，建立以综合高中为主体的普职融通教育集团，通过集团学校课程资源、师资、教研等共建共享、学生学分互认、学籍互转、职业启蒙与体验等途径，构建教育集团内学校间的普职融通，扩展综合高中办学资源。

与优质普高联合助推质量提升。学校与青岛二中建立合作校关系，通过发挥理念引领互通、课程引领互通、教学引领互通的"互通聚能"效应，在教师选聘、课程融合对接、教学资源共享、学生创新实践及活动交流等方面深入对接，双方各自利用优势资源进行普职融合，实现课程资源、教师、教研的"双育双助推"。

与高校联合引领质量提升。学校与武汉理工大学青岛研究院签署"结对高校、联合育人"共建框架性协议，充分利用高校实验室、图书馆、学术报告、高端论坛、特色课程等资源，开展深层次、全方位、多维度合作。充分发挥高校的辐射引领作用，为学生综合发展提供高校支持，组织学生走进高校研学，在研学中发现自己的兴趣所在，提高学生对"新工科"专业的认知和职业发展方向的辨识能力。

　　实施"引才培才"师资提升工程。学校通过"引才培才"工程提高师资水平，赋能综合高中发展。学校通过招聘普教骨干教师、免费师范生、"双一流"大学研究生等，两年来共招聘15人充实到综合高中师资队伍中；同时实施多渠道、多形式"培才工程"，培养综合高中教师"跨界"教育能力。合理调配校内师资，选派12名教师先后与青岛五十八中、青岛二中优秀师资结对跟岗学习，不断提高教学水平。通过校本培训自我驱动自主发展、名师引领共同发展、量身定制特色发展、五子登科支持发展、制度保障规范发展"五发展"培训模式，使每个教研团队组成"动车组"，由名师引领各个动车组快速提速、共同发展。通过综合高中师资队伍建设形成"蝴蝶效应"，学校培养出齐鲁名师、青岛名师、省市学科带头人、教学能手等30余人，为学校综合高中发展提供强有力的人才支撑。

　　实施课题研究引领机制。通过国内外综合高中办学状况调研，开展综合育人理论研究。"综合高中办学模式运行机制研究"等5项课题已获山东省"十三五"规划重大招标课题的子课题、山东省及青岛市"十三五"规划课题立项，均已开题开展研究，支撑综合高中改革发展。

三、构建基于学生发展的"四维四度四主体"立体育人评价机制

　　学校构建了基于学生发展的"学习能力、选择能力、身心健康、社会能力"四维、"满意度、提升度、发展度、贡献度"四度、"学校、学生、社会关系、就业单位"四主体的育人评价机制。

　　构建基于学生发展的"四维"评价内容。学校在评价中注重评价

内容的多方位，从学生学习能力、学生选择发展能力、学生身心健康、学生社会能力四个维度来进行评价，引导教师从学习习惯、学习方法、学习品质、生涯规划、选择能力、身体健康、心理健康、职业能力、合作能力等方面对学生培养、教学管理等方面进行评价、督评，确保育人质量。

构建基于学生发展的"四度"评价标准。"满意度"考查学生、家长、社会对学校教育教学工作的条件、内容、水平与质量的评价，并根据学生满意情况不断改进教育教学工作；"提升度"考量学生在原有基础上的发展情况，强调质量评估的增值性，着重评价学生是否有所发展及发展幅度、前后能力差异；"发展度"考查学生在校的教育活动对其未来发展前景、职业生涯发展质量的影响，学生的发展潜力及自主学习、自主发展的能力；"贡献度"考查学生毕业后的成长情况、人生价值和奋斗目标的实现情况及对于社会的贡献情况。

建立基于学生发展的"四元"评价主体。充分发挥"学校、学生、社会关系、就业单位"四方主体作用，全面全过程对人才培养质量进行评价。学校评价主要依托学校教师、课程以及校内活动等资源，以过程性评价和形成性评价相结合的方式，对学生的综合素质进行评价；通过学生对自我能力、素养的认知及自我悦纳的程度，对学生个体成长目标实现的厘清和认可程度，制订相关指标进行学生自我评价；就业单位评价是学生就业后由就业单位从德、勤、能、绩等方面评价学生的工作态度、职业认同及是否能为企业带来效益，包括毕业生适应企业需求程度的评价、毕业生职业发展状况及发展潜力的评价等；社会关系评价是指作为学生成长过程中的陪伴方和指引者的家庭、亲友对学生个人性格、能力和素质的接纳和认可程度及评价。

青岛高新职业学校综合高中办学两年来，学校建立人才成长"立交桥"，促进学生多元发展，摆脱了高中教育普职二元结构，实现了普职横向融通。根据学生能力和发展需求，提供了夏季高考、春季高考、出国留学、当兵入伍、就业等适合学生的生涯发展选项。

通过"学校、学生、家长"三位一体学生发展指导机制建设，学生的生涯规划能力、自我认知能力、适性选择、自主发展能力逐步增强，能根据自己的具体情况合理确定普职分流、专业选择。综合高中2019级188名学生中有119人选择转入职高学习，并选择了适合自己发展的专业方向，可见综合高中学生在职业教育认同上，普教职教课程选择方面更理性，自我认知能力更强。

学校以综合高中建设为契机，积极推进"现代学校制度""唤醒德育""内生智育""综合育人""现代职教体系"五大工程建设，"选择发展、融合发展、创新发展、幸福发展"的办学特色凸显，教学质量明显提高。学校社会满意度、美誉度逐步提高，《青岛日报》、大众网等多家媒体进行了报道，综合高中办学经验作为典型案例，入选教育部哲学社会科学发展报告《2019中国高中阶段教育发展报告》。

（本文发表于2020年10月14日《中国教育报》）

以集团化办学推进现代职教体系建设

　　青岛市财会金融业职教集团坚持以人才培养模式和体制机制改革创新为突破口，以整合集团成员单位办学资源为抓手，创新"校企合作""校校合作""中外合作""校政合作""社校合作"合作机制，精心打造"模式共创、专业共建、资源共享、文化共融、师资共育"的五位一体校企嵌入式集团办学模式，实现组织对接、校企对接、中高职对接、服务对接"四嵌入对接"，开创了校企深度融合新局面，从四个维度推动现代职教体系建设。在深化校企合作、优化人才培养、中高职衔接、加强社会服务等方面进行探索与实践，取得了显著成效。逐步形成产教深度融合、中高职有机衔接、职普融通，学校、企业、社会多元办学，体现终身教育理念的发展格局，打造现代职教体系建设"学校样板"。

一、创新校企合作的机制与模式，为现代职教体系建设提供保障

（一）完善理事会下的多元治理结构

青岛市财会金融业职业教育集团是以契约为主要联结的松散型职教集团，实行在青岛市经济信息委员会和青岛市教育局指导下理事会负责制的管理体制。以牵头单位青岛华夏职业教育中心为主，联合各个相关联的职业院校、企业、行业协会等，实行理事会下的多元治理结构，以理事会、常务理事会、秘书处为内部治理的基本架构。集团下设学术及专业建设委员会、职业培训委员会、校企合作委员会、就业指导委员会四个专门委员会。

（二）建立"一会一主题一论坛"的工作机制

完善校企合作网站和《携着阳光成长》内刊，通过专业建设论证、校企合作专家论坛、人才供需见面会、校企对接会、就业服务月、企业服务站、就业指导等主题活动，以年会凝心聚力，实现集团跨界、融合、创新、发展。

二、深化"五位一体"的校企合作模式，全力推进现代职教体系建设

（一）创新人才培养模式，实现模式共创

1.深化各专业群人才培养模式改革，探寻职业教育供给与需求

"两侧"的最佳平衡点。

以各专业群人才培养模式改革为突破口，基于职业生命成长发展历程和工作过程，考虑到学生就业与升学的多元化发展，积极探寻职业教育供给与需求"两侧"的最佳平衡点，校企共建形成了一些具有特色的人才培养模式。

一是财会金融类专业群，以精心打造"卓越财务经理"培养工程为目标，如财会类专业探索"产教深度融合"，把课堂搬进企业；金融类专业推行走班选择教学，探索"理实一体化"，模拟银行分岗实训。

二是贸易商务专业群，以精心打造"卓越商务经理"培养工程为目标，准确把握商务专业在电商领域产业链的定位，借助青岛跨境电商协会平台，开展跨学科融合，除学习商贸课程外，融入美术彩色、摄影、财会知识，探索"产学研一体化"，课堂就是工作场。

三是服装艺术专业群，以精心打造"卓越创意设计师"培养工程为目标，实行小班化、个性化辅导，探索"专业+项目"，企业项目学生做，以项目引进、开发、生产、销售为载体，加快艺术设计类专业转型升级等。

2.创新校企协同育人模式，增强人才培养契合度。

学校与青岛海信广场合作，以实训、顶岗实习为切入点，坚持工学结合模式，借鉴现代学徒制，实施校企双主体育人模式。以"三二连读"学生为重点，采取"5+1"分段整班见习，把"课堂搬到企业里"，积极探索"学习+带薪见习+修正学习"的"三明治式"实习模式。学校与企业对学生"双育""双管"，实施角色交互、岗位交互，企业导师带领，人事部主管负责管理，学校有专门的实习指导老师加强学生的日常跟踪管理，同时学校就业部门加强跟踪服务。形成校企共管的顶岗实习管理模式以及"日查、周检、月巡、学期评定、年度鉴定"的考核机制，实现校企一体课岗对接，学习过程与工作过程对接，专业技能与企业要求对接。

（二）校企合作推动专业建设，实现专业共建

1.创新专业建设模式，校企深度融合使专业升级。

2015年学校与青岛恒信工程造价咨询事务所共同创建"一体化、全过程"校企协同育人模式，借鉴现代学徒制，校企双主体合作共建，申请开办山东省第一个"工程造价与审计专业"，专业课由企业的资深专家任教，企业总经理亲自走进课堂，为学生开讲第一课；企业为学生提供大量的实践机会，把课堂搬到建筑现场、企业一线，让学生尽早接触岗位，使校企双元合作改革上了一个台阶。学校与青岛工艺美术协会、青岛工艺美术集团合作开设工艺美术专业，开辟了校企共同培训、培养、开发应用型人才的新路径。形成了以财会金融类专业为主干，以商贸类专业为优势，以服装艺术类专业为支撑的专业体系结构。

2.完善校企共建专业机制，开展特色专业建设活动。

学校牵头成立了青岛市财经商贸类专业指导委员会，聚合行业企业、高等院校一线专家学者的才智，推动青岛市财经商贸类专业的建设。完善了一个"市场主导、学校主体、企业参与"的"调研—调整—创新"的专业建设机制，通过专业建设主题活动、校企合作专家论坛、就业服务月、企业服务站等活动，密切学校与行业企业的联系，推动校企的需求对接与信息互通。

3.打造专业现代化建设的"'三明治'耦合"模式，推进课程建设创新。

按照五个耦合一体的原则开发课程："政、校、企"耦合一体；"教、学、做"耦合一体；"职业态度、专业知识、专业技能"耦合一

体；"职业资格标准、岗位能力标准、行业评价标准"耦合一体；"技能教学、技能实训、技能比赛"耦合一体。与中国银行山东分行合作按照人才需求大胆进行课程改革，对专业进行职业岗位工作分析，按照企业的工作流程、岗位技能和综合素质的要求，确定课程结构、选择课程内容、开发校本教材、研发精品课程，实现学校人才培养与企业用人标准零距离对接，为学生未来的职业发展创造有利条件。学校开发9门青岛市精品课程，22门数字化课程资源和4本校本教材。

（三）校企深度融合共建实训室，实现资源共享

一方面，引企入校，和中国银行山东分行、恒信工程造价事务所、用友新道合作建立模拟银行、财会实训基地、VBSE综合实训中心，规划建设"校内创业创新一条街"，建成3D打印中心、数字摄影制作中心、陶艺室等实训室，把企业和行业标准引入实训基地，以"理实一体化"实践基地打造实践育人平台。充分发挥实训基地作用，为企业培训员工，进行职业技能鉴定3000余人次。

另一方面，主动对接企业建"教学工厂""企业课堂"，先后与200余家企业签订合作协议，不断丰富顶岗实习内容，拓宽学生顶岗实习和就业渠道。中国银行山东分行、麦凯乐总店被评为青岛市优秀校外实训基地。

（四）校企文化融合，凸显校园文化职业特色，实现文化共融

学校将先进地域文化、产业文化、企业文化融入校园文化，充分利用橱窗、墙面、大屏幕、网站、报纸等文化载体，通过邀请行业企业专家、劳模、校友进校讲座和师生参观访问企业等形式，将价值观念、生产经营、职业素养等企业文化融入校园文化建设，与交通银行

青岛分行举行了"行长导师进校园"活动，现任交通银行十余位行长被聘请为学生成长导师，走进校园、走进课堂，牵手学生、班级和教研组，校企携手并进，学长相伴成长。

形成"自主、诚信、创新"校园文化特色，构建以"精神文化、制度文化、标识文化、行为文化"为中心的多维文化体系，形成"华夏宣言、华夏风骨、华夏气度、华夏色彩"四个单元主题文化，并提炼校园文化内涵，凝炼形成校训、校风、教风、学风、校歌、校旗等文化标识，制作了文化手册。进一步打造一系列独具特色的文化活动，如推行职业生命成长背景下的班级建设任务书，开展"我与诚信有约""四节一会"（创新节、体育节、艺术节、技能节、运动会）、"三双教育行动计划""寸草心"华夏职教义工"四进""文明风采竞赛"、最美教室等文化建设活动，有效地锻造了"自主、诚信、创新"师生行为文化。

（五）共建"双师型"师资队伍，实现师资共育

1.建立了校企人员互聘互访制度，完善教师实践锻炼制度、兼职教师聘任和管理办法。

通过聘请校外辅导员、兼职实习指导教师、兼职教授，邀请企业专家参与校务委员会、办学咨询委员会，共同研讨专业建设、中高职一体化培养模式，合作开发校本教材，参与职业指导与培训、专业人才培养方案、精品课程的建设等，提升了学校的师资实力。

2.共建"双师型"教师培养基地。

通过实施专业教师下企业、兼职教师进课堂，实施教师与专家共成长，推动专兼结合的"双师型"教师队伍建设。学校聘请多位技术骨干入驻学校担任专业课教学任务，给学生当导师，为学生提供来自

企业一线权威专家的专业技术教育，取得了良好的教学实效。企业校外实训基地承担了教育部青年教师实践锻炼项目，促进教师专业实践能力的提高，实现校企文化融合，收到了很好效果。

三、创建集团内外衔接继续教育体系，推进职业教育跨界融通的现代职教体系建设

充分发挥职业教育功能，坚持以服务区域经济为己任，集团搭建校企合作、校校合作、中外合作、社校合作联合办学平台，以人社局、财政局、建管局、企业、社区学院等的支持，着力构建学历教育与职业培训的共享平台，形成了学历教育与非学历教育、职业教育与企业教育、职业教育与社区教育、职业教育与终身教育、职业教育与技能鉴定等融通的多个培训项目体系。开设了成人学历与非学历培训项目20余个，形成具有自己特色的培训课程体系。

集团牵头学校与青岛市市北区教育局合作成立华夏社区学院，这是山东省首个中职学校合作举办的社区学院，也是推进现代职业教育体系建设的又一亮点。社区学院开设服装表演、合唱、电子相册制作、新媒体终端使用等社区培训班，开发更加丰富的培训项目，满足社区群众多方面、多层次的教育、文化生活需求。学校教育体制改革试点项目《构建现代职教体系的学校定位与探索实践》荣获青岛市第二届教育改革创新奖。

四、探索中高职一体化人才培养模式，深化现代职教体系建设

（一）中高职教育衔接多元并进

创新校校合作机制，不断构筑中职升学"立交桥"，以"3+4"应用型本科衔接模式、"三二连读"一贯制衔接模式、春季高考升学衔接模式、夏季高考升学衔接模式、实习加成人高考升学衔接模式、出国留学研修衔接模式等，建立"中职—大专—应用型本科"的学历纵向贯通职教体系，拓展了学生多元化发展出路。精心打造"升学有品牌高校、就业有优质岗位、做人有高尚品德、发展有强劲动力"的人才培养品牌，推进中高职人才培养一体化系统培养，让每个学生有更多机会选择适合的教育、适合的深造途径。

（二）创新"中高职衔接一体化培养"管理机制，加强机制衔接

集团建立"中高职一体化管理"机构，校长任组长，下设教学管理组、评价管理组和外联拓展组，成立了"专业教学指导委员会"，由中高职学校参与，联合人社局，邀请行业协会、企业，建立中高职定期联席会议机制及中高职教师的互聘制度。建立健全中高职衔接的招生、管理、教学和评价制度体系，形成中高职合作办学、合作育人、合作就业、合作发展的长效机制。

（三）中高职"三对接"模式特色鲜明

集团牵头学校在中高职衔接方面起步较早，已有14年的"三二连读"办学历史，形成"三对接"模式，为高等院校输送了4000余名高

质量的专业技能人才，得到了联办高校和社会各界的高度评价和广泛认可。

1.与对口高校对接，构建并畅通教育教学管理通道。

以专业衔接为纽带，完成四个专业的"中高职一体化分阶段培养"方案。以课程衔接为核心，制定理实一体课程体系、教学标准、教材建设、教学质量评价体系。以教学模式与评价衔接为重点，打造合作能力生成教学模式改革特色，突出技能教学，重视实训，在全国、省、市职业技能大赛中师生取得较好成绩。

2.与行业需求、岗位能力需求对接，不断深化教育教学改革。

主动与行业和企业联系对接，对接职业岗位实际要求，强化学生职业道德、职业技能、就业创业能力的培养。科学设计中高职合理分段的实践教学环节。前5个学期注重加强"职业指导—学法引领—教学做合一"教学模式，第6个学期实行"学习+带薪实习+修正学习"教学模式，教学效果显著。

3.与学生终身素质发展需求对接，拓展学生发展空间。

立足三年、放眼一生，立足学校、放眼社会，凸显职业生命成长教育特色，建立中高职衔接的职业生涯指导体系，拓展"三二连读"学生的多元化发展出路。

本篇成文于 2016 年 12 月

托起职业生命成长的新高度

多年来，青岛华夏职教中心恪守"为学生终身职业素质发展奠基"办学理念，努力打造"自主·合作·开放·创新"职业生命成长教育特色，潜心基于学生职业生命成长需要的"身心素养、人文素养、职业素养、创新素养"的培育，明确"身心俱健，德能双馨、学业兼收、人职共生"的育人目标，在打造"自信、负责、成功"自主德育模式方面进行了有益探索和实践，"信责达远"德育品德彰显出无限育人魅力。

一、切中模式建设肯綮，为学生职业生命成长清障

（一）问题提出

长期以来，考不上普通高中的学生才上职业学校的选择一直困扰着职业学校的发展，职业教育是类型教育而不是层次教育的社会认知仍然有很大的教育提升空间。很多学生因有"失败者"的心态，其自

信心、理想信念、社会认知、价值观、成才观等方面严重缺失。为此，我们开始了"自信、负责、成功"自主德育模式的探究实践。

（二）问题反思

党的十八大代表、招商银行青岛分行营业部主任、我校毕业生刘娟这样反哺学校教育："我是农村走出来的孩子，是不服输的劲头和'我能行'的信念支撑我把简单的事做好，把平凡的事做好。"

交通银行青岛分行12名校友行长组成"成长导师团队"进驻母校，做学生职业生命成长辅导员，他们这样反哺学校教育："上学的时候我就坐在你们的前后位，现在事业的成功就是发轫于学校教育的点滴，选择适合自己的教育就选择了未来，要做最好的自己。"

成千上万的优秀毕业生成功案例证明，"自信的信念、负责的态度、成功的体验"是破解职业学校学生教育难题的关键。

二、明确模式建设内涵，为学生职业生命成长厚壤

（一）确立自主德育模式理论支撑

我们在实践过程中首先占据理论高地，用符合规律的教育理论指导实践。

1."自我效能信念"和"自证现象"的启示。

自信在人的自主发展中居于核心地位，促进学生的自主教育，必须培养学生自信的心理品质。

2.苏霍姆林斯基自我教育思想的启示。

苏霍姆林斯基说过："只有能够激发学生进行自我教育的教育，才

是真正的教育""一个人只有在他负有责任和义务中才能表现出他有什么能力"。拥有责任心的人往往表现出自信、自尊、自律并有较明显的计划性和行动性，使人变得坚强，富有力量。

3."最近发展区"原理和"行为循环论"的启示。

只有当德育目标落在学生的"最近发展区"里，学生才会产生一种追求目标的内驱力，"跳一跳，摘果子"，达到"潜力水平"，从而体验成功的快乐。促进学生的自主教育，必须尊重学生的个性差异，搭建适宜的成长平台，使之体验成功的喜悦，这对于职业学校的学生意义更为明显。

（二）确立自主德育模式建设内涵

"自信、负责、成功"自主德育模式以"为学生终身职业素质发展奠基"为价值核心，以尊重个性差异、尊重成长规律、尊重自主发展为原则，以培养"身心俱健、德能双馨、学业兼收、人职共生"的"华夏人"为目标，抓住"自信、负责、成功"三要素，"激励自信，以信立志""崇尚责任，以责修行""日积跬步，致善达远"，使学生"自信地走进来，负责地学本事，成功地走出去"，实现其个性化和社会化的统一。

三、打造模式构建队伍，为学生职业生命成长助力

一是学校出台《班主任队伍建设指导方案》，采用"五位一体"的培养模式，建设以"角色多维、能力复合"为特质的德育队伍。

二是重新定位班主任的工作角色，扩展班主任能力域。全面打造班主任成长引领者、职业指导师、心理辅导员"三重身份"，确定了专

业发展的九种能力。

三是开设班主任论坛"争鸣"。以青岛市"十二五"规划课题"自信、负责、成功"自主德育模式建设为指导，采用"基于问题任务驱动法"，围绕子课题，开展专题研讨和专业比武，全面提升班主任复合能力。

近三年，学校自主德育模式探讨实践形成德育成果400余项。先后推选90余人次参加市级及以上专业培训，完成北京师范大学骨干班主任培训、国家职业指导师培训、国家心理咨询师培训等校本培训五期，学校拥有38位国家二级职业指导师，25位心理咨询师和心理健康辅导员，40位班主任参加了国家三级心理咨询师培训和考核。

四、建设模式实践体系，为学生职业生命成长展台

（一）建设以"分层递进、人职共生"为特质的德育目标体系，为学生职业生命成长指引方向

学校实施德育目标分层教育。一是依据《中等职业学校德育大纲》，确立三级培养目标，即德育总目标、年级目标、各年级ABC层次目标，指导学生根据自身职业综合测试数据合理定位，自主选择适合自己的层次目标。二是配套《德育目标分层管理细则》，推行"学生职业生涯发展教育行动方案"，构建各年级、各层次德育内容和职业成长体系。三是实施德育学分管理，优化学生评价体系，强化成功体验。这一过程，学校将选择权交给了学生，并允许学生在坚守学校共同道德底线的基础上以不同的道德面貌存在。

（二）建设以"多元发展、知行合一"为特质的德育体验平台，为学生职业生命成长汇聚能量

1.建设以"自主·诚信"为特质的校园文化，培养学生评价能力。

全力构建以"精神文化、制度文化、标识文化、行为文化"为中心的多维文化体系，形成"华夏宣言、华夏气度、华夏风骨、华夏色彩"四个单元主题文化；将理想信念、职业精神、道德品行等核心德育内容系列化为校本教材《花开的声音》和《诚信十字诀》；连续十年开展"感动华夏十大人物"评选、"我与诚信有约"等系列专题活动，搭建文化浸染、谦冲自牧的有效舞台。

2.建设基于"学生职业生命自主成长背景下"的班集体，培养学生自我发展能力。

出台"班级建设指导方案"，明确班级建设三种功能，配套制定班级建设阶段任务书，将对学生职业理想、职业精神、职业规范、职业道德和职业能力的培养分置于四项核心任务和26项子任务中，引导学生在社会角色的模拟中培养自我发展能力。

3.建设立体化学生管理体系，培养学生自主管理能力。

学校搭建起以团委、学生会、学生事务委员会统筹下的校级、班级两维立体化学生自主管理体系。本着学生事务学生办的原则，通过项目管理、督评管理等落实自主管理。仅2014年，学生自主开展了"做有道德的中职生"辩论赛等六项专题教育活动，自主策划、推行"弯腰行动""笑脸服务""流动图书角"等特色活动，学生校长助理提交50余份提案，学生事务委员会提出110余条建设性意见和建议，充分体现了学生自主管理能力在活动中得到不断提升。

4.搭建利于职业成长的实践平台，培养学生自我教育能力。

学校重点打造以"四节一会"为主要内容的基础平台和以"三双教育行动计划"为核心的成长平台。每个教研组配备一名外聘专家、每班配备一名优秀毕业生。在"双助长"活动中，校友导师团的言传身教引发了学生"做最好的自己"的强烈愿望；课堂、社团"双轨育人"活动中，40余个人文和技能社团为学生的特色发展提供了舞台；"双三十"活动中，华夏学生人文素养提升必做的30件事和技能素养提升必做的30件事，培养了学生身心素养、人文素养、职业素养和创新素养，学生自我教育能力得到充分发展。

多年的探索和实践，学校"自信、负责、成功"自主德育模式建设渐入佳境，近两年，在校学生中有500余人次在市级及以上各类比赛中获奖或受到表彰，两位同学先后被评为青岛市十佳"美德少年"，学校荣获"全国中等职业学校德育工作先进集体"等荣誉称号40余个，"自主·合作·开放·创新"职业生命成长教育特色日益鲜明。未来的日子，我们将时不我待，击楫中流，教育引导学生系好人生的第一粒扣子。

（本文发表于在《青岛教育》2015年第二期）

现代职教体系的学校定位与实践探索

构建现代职教体系，是当前和今后一段时间职业教育发展的大势。作为首批国家级重点职业学校，青岛华夏职教中心率先开展现代职教体系建设改革试点，以高效运行校务委员会为基础，搭建校企合作、校校合作、中外合作、政校合作、社校合作、家校合作平台，推进中高职衔接、技能社会化培训和终身学习融通的体系建设，实现现代职教体系在中等职业学校一次成功的微观实践。

学校自2002年起积极进行中高职衔接方面的研究与实践，以专业衔接为纽带，以教学模式与评价衔接为重点，以课程衔接体系建设为核心，以机制制度衔接为保障，探索构建中职与高职、中职与本科贯通衔接的人才培养体系，促进学生多元发展，为形成现代职业教育体系框架奠定坚实基础。

一、创新中高职衔接模式，解决学生多元升学问题

青岛华夏职教中心不断构筑完善中职升学"立交桥"，创新校校合作机制，以"三二连读"大专、中职与普通本科"3+4"分段培养、春季高考、夏季高考、实习就业加成人高考、开放教育等多种模式的中高职衔接，建立了"中职—大专—应用型本科"学历纵向贯通职教体系，按照新机制建设青岛金融职业学院正由梦想照进现实。

学校先后与青岛广播电视大学、青岛酒店管理职业技术学院、山东科技大学、澳大利亚霍尔姆斯学院、中国海洋大学、青岛科技大学等联合办学，让每个学生有更多机会选择适合的教育、适合的深造途径。

2013年华夏职教中心作为山东省、青岛市首批"3+4"分段培养试点学校，与青岛科技大学合作，联合开通初中起点"3+4"（中专+应用型本科）试点。这是现代职业教育体系"上下贯通"的重大突破，破解了"低分才进职校"的难题，使华夏职教中心现代职教体系建设特色更鲜明。

华夏职教中心开展了高层次应用型人才培养的系统研究和探索，将试点项目定位为"卓越财务经理培养工程"，精心制定人才培养方案和过程考核方案，并践行课程设置特色化、师资配备专业化、人文素养综合化、技能培训高端化、成绩考核创新化"五化"培养特色，为青岛市打造"蓝色金融、绿色金融、高端金融、普惠金融和外向金融"提供人力资源支撑。经过与市金融办、市教育局、部分金融企业等方面专家论证，学校拟成立"青岛金融职业学院"，建设集青岛市金融类中高级技能型人才培养、学术研究、项目开发、信息服务与技术援助

等功能于一体的专门化、现代化、示范性高等职业院校。目前已完成按新机制建设金融职业学院的调研报告和项目建设建议书，各项工作正在积极推进中。

学校每年升学比例达到在校生总数的80%以上。2013年华夏职教中心毕业生共852人，其中"三二连读"的379人直升青岛酒店管理职业技术学院；253人参加春季高考；58人参加夏季艺术类普通高考，全部学生通过考试升入理想的大学继续深造，高考升学已经成为学校发展新的"增长点"。另外，参加实习就业的学生采取就业加升学模式，有36人考入中国海洋大学成人大专。一大批华夏学子在这里实现了他们的升学梦想。

二、创新内外衔接继续教育体系，解决学生多元就业问题

学校通过校企合作、校校合作、中外合作、社校合作联合办学平台，以人社局、财政局、建管局、财金集团、企业、社区学院等多种形式实现职业教育与继续教育、终身教育的融通，精心打造"模式共创、专业共建、资源共享、文化共融、师资共育"的五维一体嵌入式集团运作新模式，建立了上下畅通、左右连通的多元就业渠道。

学校先后与青岛各大银行、保险、证券公司等各行业200余家单位签订校企合作协议，建立稳定的实习、就业基地，为学生实习、就业提供厚实的、可选择的优质岗位群支持。

学校在开展优质对口高质量就业方面下功夫，每年招聘会毕业生供不应求，出现五六个岗位抢一个学生的局面，构建起"优质岗位任学生选"的就业服务体系，为每个毕业生建立了个人跟踪服务卡，跟踪服务三年，并为往届毕业生就业推荐提供服务。2013年华夏职教中

心毕业生就业率为98%，对口优质就业率达90%，二次跟踪服务三年就业率达到100%，用人单位对毕业生综合素质满意度达95%以上。

在教学过程中，华夏职教中心还构建了"学习+带薪实习+修正学习""三明治式"教学模式。学生在完成两年基础知识和基本技能学习后，在高三学年到学校的联办单位进行为期半年的整班建制的带薪见习，将专业模块的教学过程与企业的经营管理过程紧密结合，使学生课堂学习和生产岗位做工交替进行，将学生的顶岗实习成绩与学习成绩相关联，通过见习强化学生的职业能力与素养。学生完成见习任务后回校修正学习，有针对性地找出在专业能力及职业素养等方面的差距，强化薄弱环节教育教学。

学校还充分利用学校的优质资源，按照"共建、共享、共赢"的原则，依托企业深度参与，采取"校中厂"模式，创新校企共建"产业契合度高、校企合作紧密、社会服务能力强、管理体制机制完善、实训师资队伍水平高、教学资源丰富"的生产性实训基地。

三、创新学校自身运行机制，解决学生多元成长问题

学校精心打造"自信、负责、成功"自主德育模式，推行"仁义礼智信 忠孝谦勤勇"为主要内容的"诚信十字诀"教育活动，实施"三双教育行动计划"，制定"三双教育行动计划"实施方案以及评价方案。让每一位华夏学子"自信地走进来，负责地学本事，成功地走出去"，为学生多元发展助力，实现学生多元成长。

学校进一步完善章程规范下的"三个体系"，凸显管理特色，助力学生多元发展。

一是建立学校全面目标计划体系，实施目标管理。学校形成了从

时间维度上，包括学校三年发展规划——学年计划——学期计划；从空间维度上，包括学校总目标——部门工作计划——岗位与个人计划的多层次、多序列的全面目标计划体系。

二是建立学校质量控制体系，实施质量管理。对学校教育、教学、招生就业、技能培训、科研、行政、后勤工作等全面进行质量设计并全部进行质量控制，建立健全全面、全程、全员学校质量管理体系。

三是建立学校多元评价体系，实施评价管理。根据职业学校教育特点和规律、不同专业学生特点和专业特点，从学生、教师、干部、学校考核评价入手，建立适合人的成长规律、学校发展，家长、社区、校企合作单位全面参与教育的开放的多元评价体系。

四、创新学校社会责任担当体系，解决办学功能多向度生发问题

学校充分发挥职业教育功能，围绕人人成才、多样化成才提出"大职业教育"、系统培养理念，对人才培养机制进行系统化创新设计，着力构建学历教育与职业培训的共享平台，形成了学历教育与非学历教育、职业教育与企业教育、职业教育与社区教育、职业教育与终身教育、职业教育与技能鉴定等融通的多个培训项目体系。学校现开设了成人学历与非学历培训项目20余个，形成有自己特色的培训课程体系。

学校与青岛市市北区教育局合作成立华夏社区学院，这是山东省首个中职学校合作举办的社区学院，也是华夏职教中心推进现代职业教育体系建设的又一亮点。目前已开设服装表演、合唱、电子相册制作、新媒体终端使用等社区培训班，并开始开发更加丰富的培训项目，

满足社区群众多方面、多层次的教育、文化生活需求。

教育部职业技术教育中心研究所研究员姜大源高度评价华夏职教中心的改革：学校围绕人人尽展其才、人人皆可成才的教育理念，充分利用校内外优质教育资源，率先开展现代职教体系建设改革试点，大胆探索，先行先试，守正出新，为推进中高职衔接、技能培训与终身学习融通的现代职教体系建设，做出了有益探索。

（本文2014年7月获第二届青岛市教育改革创新成果奖）

倾听职业生命成长的声音

　　《学会关心：教育的另一种模式》一书中阐述的教育观点是我所认同的，即"学校教育不是通往上流社会的阶梯，而是通向智慧的道路。成功不能用金钱和权力来衡量，成功更意味着建立爱的关系，增长个人才干，享受自己所从事的职业，以及与其他生命和地球维系一种有意义的连接"。这让我想起了黄炎培先生创办中华职业教育社时提出的创办职业教育的目的：改良职业教育，改良普通教育，力求做到学校无不用之成才，社会无不学之执业，国无不教之民，民无不乐之生。二者的观点何其相似，既有对教育的明确定位，也有对受教育者的人性的关怀。作为一名基层教育管理工作者，我亲身经历着教育领域的改革风潮，对内尔·诺丁斯博士描述的当下教育对策与核心理念"关心"有若干体会和具体的探索感悟。

一、倾听职业生命成长需求的声音，学会关心

诺丁斯博士提到美国社会学生最大的抱怨是："没人关心我们！"我们今天的职业教育中很少存在"没人关心我们"的现象。今年9月26日，恰逢我校建校20周年，20年职业教育的路我们走得艰辛而光荣，在实践中我们不断倾听来自各方的职业成长需求的声音，越来越认识到：教育要尊重事物发展规律，尊重教育规律和人的生命成长规律。教育需要过程，要有静听花开的声音的清净和耐心，要返璞归真，不能急功近利。教育要尊重学生个性差异，尊重学生多元化发展，职业学校应该为学生职业素质发展提供多元化发展平台和路径。

倾听是关心的重要环节，如果我们能够专注地听一听那些发自肺腑的声音，我们就知道该做哪些工作。那么我们究竟听到了学生怎样的心声呢？通过新生入校时的心理测试和细致分析，我们发现进入3年职业中专的学生在中考中没有浴火重生，而是被贴上了失败的标签，自信心不足；"三二连读"学生的需求在于如何能够通过那些陌生而抽象的课程，喜欢并爱上自己所选的专业；"3+4"中专、本科分段培养的学生则担心在中职教育的环境中自己是否能够成长得有质量。不同的专业、层次、性格、家庭背景，构成了学生的不同需求，这种专业水准的调查为班主任提供了翔实的资料，让班级的管理和关心更贴近、更符合学生的需求。

善于倾听是我们办学的法宝。随着经济的发展、社会的进步，职业学校日益受到更多家长的关注，而家长的诉求为我们的办学提供了原动力。家长委员会是家校教育融合的有效平台，我们学校的家长委员会已经连续20多年为学校的工作建言献策，通过这个有效渠道，我

们观察到家长对学校的要求越来越高，从起初的看好孩子、让孩子有学上，发展到让孩子能找到一份工作，进而让学生实现高质量就业或者升入高职院校继续学习。来自企业的呼声也是至关重要的，我们学校依托"青岛市财金业职教集团"，先后与近200家企业建立紧密联合办学关系，每年不定期举办研讨会、招聘会若干次，为企业输送合格人才。大量的信息汇总表明，企业对人才的要求不仅限于专业对口、专业技能过硬，而是更加看重学生的人品、才情、责任感、忠诚度和继续学习能力，有的企业还要求学生有较高的审美品位以及文化素养，将来能够成为单位的骨干力量和有影响力的员工。关心用人单位的需求，为学校的课程建设、人才培养标准确定找到了切实依据。

从华夏职教中心办学实践来看，倾听的方式还有很多。一是推行学生校长助理制度，可以将学生当中产生的需求和建议直接提报给校长；二是开展"校长聊聊吧"特色社团活动，每周三下午向全体学生敞开怀抱，会有一位校长或副校长认真地与学生进行面对面的交流、探讨；三是扎实推行教职工代表大会、行政事务委员会、校务委员会制度，能够最大限度将办学关系人的心声和需求传递到管理中来；四是开展"万名教师访万家"活动，全员性的家庭走访能够更多地知晓家长的期盼，深度了解家长的诉求；五是建设华夏微信平台，全校53个班级都建有QQ群、飞信群或微信群，学生、家长、教师、实习单位的管理者、校友可以在这些平台中畅所欲言，凡是有利于学生发展的建议都会被学校倾听、采纳。

二、拓展关心的渠道，建立关心的纽带

诺丁斯博士认为"关心最重要的意义在于它的关系性。关心意味

着一种关系，它最基本的表现形式是两个人之间的一种连接或接触。两个人中，一方付出关心，另一方接受关心"。因为美国没有班主任制度，任课教师和学生的联系是松散型的，所以他们的学生得不到关心。在我们职业学校，学生管理是教育的重点和难点，更多优秀教师会被委以班主任的重任，班主任从早晨7点半到下午放学都要陪伴在学生身边，随时解决班级发生的事情。同时，我们在班级中开展丰富多彩的教育活动，让学生充分感受到被关爱、被重视。

呵护学生的职业生命成长。学生的职业意识、职业理想、职业道德、职业技能、职业生涯规划等方面的教育，对学生职业生命成长非常关键。我们除了利用课堂教学主渠道教育之外，还发动学生广泛征集世界上创业、立业的成功案例，树立典型，确立目标。聚合社会各界力量对学生进行就业、创业技术性教育，给学生进行职业发展趋向权威性测试，同时鼓励全体班主任考取职业指导师资格，为学生进行个性化指导提供专业支持。我们还为全校每班配备一名优秀毕业生作为职业生涯发展辅导员，用身边的典型教育案例引导学生健康发展。学校举行"就业服务月（周）活动"，鼓励学生和家长共同参与，掌握国家就业政策，学习就业创业技巧，端正就业创业态度，鼓励学生从平凡岗位干起，积累经验，在实践中提升。班主任还会辅导学生参加学校、市、省、全国各级"职业生涯设计比赛"，引导学生立足专业、"心秀未来"，树立远大的职业理想和目标，为职业生涯发展奠定基础。

关心学生的精神家园。诺丁斯博士说宗教在公立学校成为禁忌，学生的精神世界很容易被忽视。我们把儒家文化的核心——"仁义礼智信　忠孝谦勤勇"进行跨时代的整合，与现代的物质、职业、生活紧密相连，形成了具体可操作的口诀，命名为"诚信十字诀"，每周的升旗仪式、每天的早自习让学生集体诵读，同时让学生撰写自己践行的体会，把一个个生动感人的故事与全体同学分享，逐渐将"诚信十字诀"知行合一，内化为自己的价值体系。学校每年的技能节、运动会、艺术节的主旨均围绕着这些价值理念。与此同时，学校推行德育学分制和德育目标分层次达成，每学期进行量化考核，全方位提高学生的德育科学性、实效性水平，学生"自信地走进来，负责地学本事，成功地走出去"的意识和能力逐渐增强，很多用人单位的反馈就是华夏的学生会做人、能做事、靠得住。

引领学生拓宽文化素养。人的潜能是多元化的，我们学校实施课堂、社团"双轨育人"教育行动计划。建立教师社团5个，有山鹰登山社、相约星期三读书会、黄炎培职教思想研究小组、班主任研究会、青年教师发展研究会；学生人文素养类社团20个，有爱乐合唱团、墨香书画社、舞缘街舞社、汇文轩文学社、E人俱乐部、威扬励志国旗班、缤纷校园广播、漫游部落动漫社、手工DIY社团、文明礼仪演示团、辩论社等，要求学生根据自己的爱好，参加一个社团组织。社团是学生自我组织、自我发展的天地，成员围绕共同的爱好，相互关心，相互促进，合作展示，释放正能量，培养了学生的社会责任感、创新精神和实践能力。

帮助学生发展关心能力。德国哲学家马丁·海德格尔认为关心是生命最真实的存在，诺丁斯博士期望"教师在师生关系中成为关心者，教师也有责任帮助学生发展关心能力"，我们非常重视这一点，帮助孩子们接受关心，发展关心能力。学校推进教学管理创新，打造"合作能力生成"课堂教学模式，这一模式的特质是将专业能力目标分解，通过教师间、师生间、生生间合作学习，达成职业能力，这一模式让学生学会了关心与合作，大家围绕所学的知识相互关心，探索体悟，提高了课堂教学实效。学校还实施了素养提升"双三十"教育行动计划，即推行人文素养提升学生三年必做的30件事和职业素养提升学生必做的30件事。学生每年做10件提升人文素养的事，比如制订一周的食谱、学会游泳、欣赏一幅名画、给父母做一顿晚餐等，极为具体地让学生关心自己的物质生活、关爱家人、朋友、同事。学生的管理是自主管理模式，团委、学生会设定若干部门，每年自主招聘学生，由教导员指导，按照既定的规范，对全校同学进行本部门的管理和评价，量化考核的成绩汇总起来就是各班级评比的重要依据。学生在管理中不但要关心本班的情况，还要对分管的班级进行指导，每个班级的主题班会和团课也是学生自主主持的，形成了"人人有事管，事事有人管"的局面，在动态的管理中，学生之间的关心具体而细腻。

三、构建现代职校体系，关心学生多元化发展

作为一名基层学校的管理者，从我的角度看，关心学生就是要不断推进学校管理机制创新。目前，学校从探索教育管理模式向教育治理模式转变，在管理的主体多元与向度方面进行深化改革，逐步建立起"主体多元、平等共治、分权分责、利益共约"的治理机制。学校致力于打造以"中职学历教育为主体，联合办学和技能社会化培训为两翼"的现代职教培训体系，形成"中心突出、两翼壮大"的"机型发展模式"。全力推进办学模式改革，构建起"中高职衔接、技能社会化服务与终身学习融通"的现代职教体系。此项教改实验项目，荣获青岛市第二届教育改革创新成果奖。目前，学校连续两年试点"3+4"中专、本科分段培养，实施"卓越财务经理"培养工程，"三二连读"已连续办学12年，收到了很好办学效益；技能社会化培训已成体系，"政校、企校、社（区）校、校校"培训已成规模，已建成培训项目20

余个，年培训4000余人次；积极拓展终身教育领域，在全省中职学校首家开办"华夏社区学院"。"升学有品牌高校、就业有优势岗位、创业有强劲动力、做人有高尚品德"，每一名学生都能在"升学、就业、就业加升学"的路径上昂首前行，不断创造人生出彩的机会。

现今迈进华夏职教中心的校门，映入眼帘的是美丽的校园、阳光的学生、幸福的教师。他们沐浴在职业教育大发展的春风里，享受着教育的幸福和幸福的教育。我想用诺丁斯博士的话来描述我们的教育理想："我们想要孩子们幸福。但是幸福的标准又是什么呢?我们希望他们过一种花花公子似的享乐人生吗？这不是我们的希望。我们希望他们一生中免受严重的疾病和伤害，希望他们展示和发展有价值的才能，希望他们成为体面的有爱心的人，希望他们在各自的家庭、职业和社区生活之中获得爱和欣赏。"

（本文发表于《青岛教育》2014年第五期）

高质量建模　推进学校管理创新

　　青岛华夏职教中心围绕"以内涵发展推进学校精品化、特色化建设进程""构建中职高职衔接、技能培训与终身教育融通的现代职教体系"两大核心工程，构建以制度建设为支撑、人本管理为核心、文化管理为途径的现代管理体系，科学建设运行模式，推进管理创新，形成鲜明的办学特色。

一、建设均衡发展的"机型发展模式"，推进学校管理体制创新

　　学校以"强化内涵、突出特色"为主题，打造以"中职教育为主体，中高职衔接教育和技能社会化培训为两翼"的现代职教培训体系，形成"中心突出、两翼壮大"的"机型发展模式"，并制定适合模式运行的三年发展规划，建设配套管理体系，推行"系统管理模式"，提高了办学效益；成立技能服务培训中心，推行项目管理，遵循"效能化服务、信息化建设、规模化扩张、品牌化运作"的发展路子，扩大联

合办学和社会职业技能培训的规模和质量，凸显"依托中心、两翼齐飞"的多元发展格局。"机型发展模式"创新了学校管理体制，促进了学校健康发展。

二、建设体系完善的"系统管理模式"，推进学校管理机制创新

学校围绕"为学生终身职业素质发展奠基"的办学理念，构建以学校精神培育、科学管理、教育教学质量、就业服务、联合办学、职业培训等6大支持系统和谐运转为支撑，促进学生职业素质发展和走向市场的系统管理模式。围绕"追求卓越、和谐发展"精神内核，学校实施7大工程，即"CIS形象战略系统工程""诚信·合作校园文化建设工程"、依法治校"四个三工程"、办学质量"三双工程"、教育教学督评工程、就业指导服务工程、集团办学建设工程，建立"机制顺畅，结构合理，功能匹配，职责清晰"的管理机构，完善"依法办学、自主管理、民主监督、社会参与"的管理制度，形成以"文化引领、行为导向、全员参与、和谐规范"为主要价值取向的管理机制，促进学

校和谐发展。

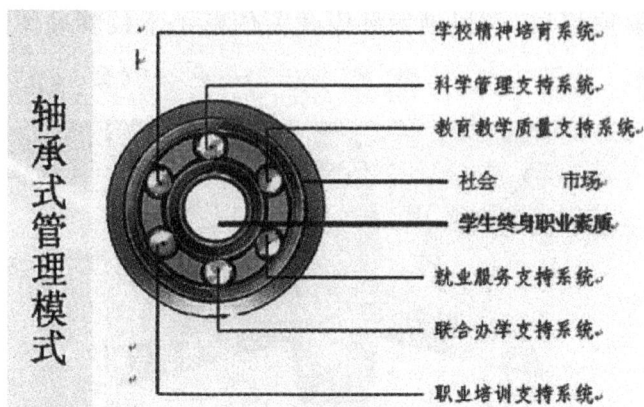

打造"基于职教集团高效运行环境下的校企嵌入式"合作模式，推进学校办学管理模式创新，学校办学模式改革围绕"机型发展模式"，开展"三个一"实践，即建设一个"青岛市财会金融业职教集团"，设立一个"现代服务业服务外包培训基地"，尝试一条经济类专业"学校办班进企业、企业办班进学校"的校企结合办学模式改革新路子；构建"校企合作""校校合作""中外合作""政校合作"联合办学平台，创立"订单"培养型、工学交替型、顶岗实习型、勤工助学型、"产学研"型5种合作形式，创新"校企合作、工学结合、顶岗实习"人才培养模式和"模式共创、专业共建、资源共享、文化共融、师资共育"五维一体运作形式，形成"基于职教集团高效运行环境下的校企嵌入式"合作模式；构建学校集团化办学管理体系，推行学校发展战略研究制度，制定完善《学校校企合作工作章程》《青岛市财金集团章程》等配套管理规定，深入推进办学管理模式创新。

三、打造"自信、负责、成功"自主德育模式，推进学校德育管理创新

学校全面实施"自信、负责、成功"自主德育模式，以"为学生终身职业素质发展奠基"为价值核心，抓住"自信、负责、成功"三要素，锻造"我骄傲我是华夏人"的自信心，培植"诚信做人、诚信做事"的负责任态度，积淀"每天进步一点点"的成功体验，使学生"自信地走进来，负责地学本事，成功地走出去"，实现其个性化和社会化的统一。学校摸索形成"以班主任队伍专业化建设为前提，以班级健康发展为保障，以德育目标分层次选择、达成为基础平台，以系列化文明修身为核心的始业教育为主要载体，以社团活动和华夏职教义工德育实践为主要形式"的实施体系。学校创新德育工作管理格局，形成以"学生职业成长导师"为主要角色的新型全员育人管理机制，出台《班主任队伍建设规划》《班主任督评管理规定》《德育学分管理规定》《班级建设督评管理规定》《家长学校建设方案》等模式配套管理制度15余件（套）。完善的德育管理体系，保证了"自信、负责、成功"自主德育模式的正常运行。

四、打造"合作能力生成"课堂教学模式，推进学校教学管理创新

学校在教学领域大力推行"学生是学习的主人"的教学理念，以"学生的主体发展"为教学宗旨，以学生岗位能力要求为能力目标，以师生间、生生间的合作学习为主要途径的"合作能力生成"课堂教学

模式改革。围绕这一模式加大教师培养力度，坚持"三个完善"，一是完善教师发展的三项激励机制和制度，即"双师型教师培养与激励机制""专业教师进企业实践锻炼制度""骨干教师访学与国内外研修制度"；二是完善教师成长制度，落实"绿叶·星光"结对成长方案，落实"五子登科"管理办法，落实"三阶段培养模式"；三是完善"名师工作室"的职能和运行体制建设。同时实施教师督评管理制度，制定"课堂教学负责制"和"三类课课堂教学标准"，建立管理评价、自主评价、教育对象评价相结合的"三元评价模式"，开展"我的课堂我做主·精品课堂"建设活动，推行"精品课堂建设规划书"制度和科研课题选择制度，提高课堂基础性管理效度，推进学校教学管理创新。

高质量建模，推进管理创新，促进办学质量和办学效益提升，学校先后荣获"全国中等职业学校德育工作先进集体""国家语言文字示范校""山东省文明单位""山东省依法治校示范校""山东省民主管理先进单位""山东省教学管理先进单位""山东省职业教育示范学校""山东省师德建设标兵单位""山东省职成教教科研示范学校""山东省教育工会先进集体""青岛市未成年人思想道德建设工作先进单位"等80余个市级以上荣誉称号。

（本文发表于《中国职业技术教育》2012年第十八期）

实施教科研兴校战略　全面提升育人水平

职业学校要视教育教学质量为生命线，构架质量保障体系时要突出的指导思想是：以教科研为先导，以建设高质量的师资队伍为保证，以人才培养标准为衡量准绳，以培养学生的能力素质为本位，以分层次教学为主要手段，以"学分制"教育管理制度为主要抓手，以实现"低进高出"为主要目的，以"高就业率、高升学率"为主要价值取向，全方位打造学校教育质量保障体系。

一、职业学校应全面实施教科研兴校战略

教育科研在教育改革和发展中具有先导性、基础性、全局性作用，是学校开拓办学思路、谋求可持续发展、提升办学水平的关键。邓小平同志指出，科学技术是第一生产力。在当今世界，科学技术已成为推动经济和社会发展的最重要因素。在教育领域，影响学校发展的因素很多，但是教育科研是学校发展的第一生产力，学校只有在教育科

研的引导下，才能走出适合校情的发展新路，形成鲜明的办学特色，增强办学的竞争力。同时，教育科研又是教师更新教育理念，促进教师成长、成才、成名的重要途径。

由于职业学校面临着招生困难的现实，由此带来的生源质量不断下降、生源素质参差不齐的现象对学校的发展产生诸多的不适应，从而制约着学校办学水平的提高。

二、全面实施教科研兴校战略，须解决好三个关键性问题

（一）组织建设到位

学校建立教育科研组织机构，整合研究和宣传力量，明确工作职责。学校成立以校长为组长的领导小组，建立起以教科研室为中心、一线教师为主体的教科研网络，形成以二报（学报、心理健康咨询报）、一刊（华夏教研）为载体的教科研阵地，为教科研工作提供组织保证、队伍保证。

（二）管理制度到位

学校建立一套完善的运行机制，推行校内"研究课题的选择制"和"教研成果展示选择制"，在每年的教科研计划中确定校级以上教研课题若干，各教研组、任课教师从中选题，并加强过程管理，通过专题研讨会、年会、结题鉴定会等形式进行阶段性指导和成果展示，形成"组组有课题，人人搞教研"的良好氛围。同时注重加强教科研成果转化工作，发挥教科研成果的效益。

（三）资金投入到位

（1）建设过硬的师资队伍，形成"科研育名师，名师促科研"的良性循环。好的师资群体是学校最有价值的财富，运用"请进来、送出去"的方式提高教师群体的政治素质、能力素质。首先，学校在师资队伍建设方面提出"三阶段"培养目标，即第一阶段为重新学习适应期，对新教师进行教育理论与实践的有益磨合；第二阶段为夯实基础发展期，加强教师基本功训练，使之能够熟练驾驭教学过程、独立开展教学研究；第三阶段为形成特色高峰期，能把握教育规律，形成自己的教学风格，成为教学能手或学科带头人。其次，师资队伍建设凸显职业教育特色，注重"双师型"教师的引进和培养。学校要求专业课教师不仅能教理论，更要有指导实践的能力；要求文化基础课教师要了解所教专业的专业课基本知识框架和体系；要求所有教师都要具备开设一门以上选修课和指导学生开展研究性学习的能力。

（2）大力更新教学手段，将先进的多媒体技术引进各专业教学过程中，激发学生学习兴趣，培养学生思维的积极性、求异性、敏锐性和活跃性。学校重视硬件设备与软件建设同步发展，对现代教育技术要求"干部懂、教师会、专业人员精"。

三、全面实施教科研兴校战略所取得的成果

（一）教师的教育观念得到了明显转变，教学水平和教科研能力显著提高

迄今为止，学校教师已获得500余项教科研成果，有76项成果获

得市级以上奖励或论文在市级以上刊物发表。目前学校已完成国家教科所德育研究中心课题一项，完成省教育厅五年高职《语文》教材编写，承担的教育部、中央教科所五年规划课题"学生学习素质的构成与培养的研究"中的子课题"中高职学生学习能力学习方法衔接的研究"、省级课题"学分制研究与实验"、市级"十五"规划课题"中等职业教育目标、模式及评价研究"等正在进行中。

（二）教以科研促创新，全面推行教育教学改革

1."学分制"教学管理制度的有效推行。

面对职校生学习动机、学习习惯、学习成绩参差不齐的现实，运用分层次教学、分层次评价达到"低进高出"目的，学分制推行可以解决教学内容、教学评价的分类提高问题，与职业教育的特点更加吻合。德育目标的分层实施和德育学分管理，使学校德育增强针对性、实效性，变被动的、模式化的德育为德育潜能的自主挖掘。我校在全面学习学分制理论的基础上，专门赴上海学习学分制实践经验，制定出符合学校实际的学分制方案，并把学生德育纳入学分制管理，在2003级新生中全面推行学分制管理制度。

2.加大课堂教学改革力度，实施分层次目标教学。

第一阶段是确定层次目标。结合我校承担的"十五"规划课题"中等职业学校目标、模式及评价研究"，学校将学生三年的德育目标、智育目标按认知要求、达成能力分类确定，让不同层次的学生都能"跳一跳摘果子"，各有所得。依据这一要求，全校13个专业、80余门学科根据各自的教学目标和学生实际接受能力，将学科教学目标按年级分成A、B、C三个层次。各层次目标既有内在的层递连续性，又有相对的完整性。任课教师在授课过程中将不同层次的教学目标设置为

具有层递性的任务、问题，辅以个性化的教学方法，创造条件让不同层次学生都有收获、都有提高。我校还依据学生德育素质、能力不一致的事实，将学生的德育目标分成三个年级层次，每个年级又分成A、B、C三个层次，按学期分段，供不同需要的学生选择达成。

第二阶段是推行分层次教学法，完成分层次目标教学过程。分层次教学法的核心是基于传统的"因材施教"思想，构建学生学习可能性与教学要求间的适应度。分层次教学法在尊重学生个性差异的基础上，进行教学任务、目标的层递，要求教学过程中"不同层次学生都有不同程度提高"。如我校数学组研究推行的"分层递进题组教学法"、计算组研究推行的"基于问题的分层递进教学法"等，都是从教学实践层面诠释了分层次教学的要义，取得了很好的效果。

第三阶段是尝试分层次评价。这是分层次教学过程中的难点之一，分层次评价科学得当，有利于激发学生的积极性；反之，就失去评价的客观公正性，失去评价的激励作用。学校在目标、方法分层的基础上，结合学分制的有效实施，进一步探讨分层次评价的可能性，使之形成完整的分层次教学体系。

3.围绕充分发挥学生主体性这一核心，全方位进行教学方法改革。

学校进行教学方法改革，首先突破的就是看似简单的"变教师为中心向学生为主体"的角色转换，在课堂教学过程中，让学生唱"主角"，教师做"导演"。其次是彻底解决传统教学与现代教学的矛盾，即一刀切教学与因材施教的矛盾，教师中心及教师权威主义、命令主义与学生主体精神的矛盾，系统地、单一地传授灌输知识与要求培养学生创新能力的矛盾。

第一，选择成熟的教育理论作为教法改革的依据。理论是灵魂，方法是理论的体现。教学有法无定法，但成熟的、有价值的教学法必须有科学的理论支撑。在进行教学法的研究过程中，学校规定教学法的确定不能随心所欲，要有科学的理论支撑，要经得起实践的检验。我校计算组研究出的依据"建构主义理论"的"基于问题的分层递进教学法"，语文组研究的依据"人本主义理念、建构主义认知理论"的"感悟教学法"，依据瓦根舍因的"范例教学法"和"哈佛案例教学法"而广泛应用的"案例教学法"等，都是基于一定科学理论或教育理论基础的再创造、再实践。例如，我校数学组研究的"分层递进题组教学法"，就是把"为了每个学生的发展"作为目标，构建符合素质教育要求的课堂教学差异模式。这种教学法来源于苏联心理学家维果斯基的"最近发展区理论"，赞可夫关于学生发展对教学结构依存关系的研究，以及国外分组教学的实践经验。它的基本理念是：教学要面向全体学生促使人人成功。通过几年的探索和实验班的对比实验，"分层递进题组教学法"符合学生认知规律，符合素质教育要求，是值得推广的教学法之一。

第二，按照学科特点探索具有职教特色的教学法。职业教育的特点决定学科教学有一定的特殊性，文化基础课、专业理论课、专业技能课都有各自特点和教学要求。特别是专业理论课、专业技能课教学，要紧扣当地经济发展和社会进步要求，突出行业、企业最新的岗位能力需求，突出学生动手能力和仿真实训能力培养，突出教育内容的生活化、本土化。因此，教师要结合学科特点确定适合的教学法，如文化课的"分层递进教学法""任务驱动教学法""情境教学法"等，专业课的"案例教学法""模拟教学法""业务实训教学法"等，都具有这样的特点。另外，职业学校教育教学的其他环节，如实验课、活动课、实习教学等，都根据各自的类型特点，确定出适合的教学法。

第三，力求在教学实践中反复实践、提炼，争取早出成果。不论哪种教学法都不应该是一成不变的，需要在实践中不断完善，需要与学生的接受程度相适应，需要更符合教育的本质规律。

4.加强学法指导，培养学生的学习自主性。

课堂教学改革的核心是激发学生的主体作用，调动学生的学习积极性。教师在课堂教学中处于主导地位，把课堂还给学生，这是从教师角度提出的要求。学生作为学习主体，如何有效地学习、自主地学习也是课堂教学改革不可或缺的部分，这种对学生的要求既符合素质教育的规律，也是终身学习能力培养的要求。因此，对学生进行学法指导显得十分重要，我们的做法是：一要培养学生的学习兴趣，课堂教学方法改革的关键在一个"活"字，"乐"是活的前提，"情"是活的关键，"美"是活的目标。只有把学生的学习兴趣调动起来，与教师达成默契，双边活动才有意义。二要培养学生的研究性学习能力，培养学生善于质疑、善于思考，对教师的启发要积极配合。三要在学法指导过程中培养学生的创新精神和实践能力。

（三）在招生就业上创新体制，优化机制，努力构建招生就业网络

中等职业教育按市场规律运作已经成为必然，生源竞争、就业竞争是我们必须面对的两大课题。实践证明，这两大课题完成的好坏直接关系到职业学校办学的成败。为此学校构建了"就业服务支持系统"。近几年，我校在就业方面，除保证100%就业率外，重点追求就业的三年岗位稳固率和岗位发展率。包括毕业生三年内是否转岗，三年内是否升职、加薪、学历提高等。在就业服务方面，学校构建起"就业四阶段保障体系"，一是抓好实习教学的课题化，每名学生都带着实习课题进入单位实习，将学校所学知识与岗位需求结合对比，形成专题论文，对学校的教学改革有着非常现实的意义。二是组织好就

业前的择业指导和供需见面会，我们聘请人才市场专家和毕业生典型、用人单位代表组成就业指导委员会，通过公共课、讲座、报告会、座谈会等形式，对学生进行人生观、价值观、择业观教育，培养学生就业理想与现实选择有机融合的能力。学校招生实习处是就业服务的常设机构，每年组织就业指导会20余次，组织8~10场用人单位和毕业生参加的供需见面会，为学生提供充裕的可供选择的就业机会。三是做好就业后三年的跟踪调查、信息反馈，招生实习处每年用2个月时间对毕业生进行跟踪调查，调查学生三年岗位稳固率、知识能力储备率，调查用人单位的意见反馈，为教育教学和毕业生服务提供有价值资料。四是落实好学生岗位迁移和职业资格需求的持续培训，基本实现了学生毕业三年的知识能力"再加工"。

职业教育实现高质量发展要以提升学校整体办学水平为宗旨，以创建特色学校为主攻方向，以营造科研氛围为基础，以开发校本课程研究为龙头，以科研培训活动为纽带，以完善激励考评机制为抓手，坚定"科研兴校""科研兴师"理念，组织和依靠全体教师，使学校教育科研切实担负起提供理论指导、探索创新思路、提高教师素质的工作使命，突出教科研在学校改革和发展中的作用，将教科研列为学校工作的重中之重，为做大做强做活职业教育做出应有的贡献！

（本文发表于《职教论坛》2006年第三期）